그래서 이런
전통 과학이
생겼대요

전통에서 배우는
과학 원리

전통에서 배우는 과학 원리
그래서 이런 전통 과학이 생겼대요

초판 발행 _ 2013년 9월 23일
초판 7쇄 발행 _ 2021년 2월 19일

글쓴이 _ 우리누리
그린이 _ 이창우
발행인 _ 이종원
발행처 _ 길벗스쿨
출판사 등록일 _ 2006년 6월 16일
주소 _ 서울시 마포구 월드컵로 10길 56 (서교동)
대표전화 _ (02)332-0931 / 팩스 _ (02)323-0586
홈페이지 _ school.gilbut.co.kr / 이메일 _ gilbut@gilbut.co.kr

기획 및 책임편집 _ 이현주 / 교정교열 _ 김언수
제작 _ 이준호, 손일순, 이진혁 / 영업마케팅 _ 진창섭, 강요한 / 웹마케팅 _ 황승호
영업관리 _ 정경화 / 독자지원 _ 송혜란, 윤정아
디자인 _ 합정디자인스튜디오 / 필름출력 및 인쇄 _ 상지사 / 제본 _ 신정제본

ⓒ 우리누리 2013

잘못된 책은 구입한 서점에서 바꿔 드립니다.
이 책에 실린 모든 내용, 디자인, 이미지, 편집 구성의 저작권은 길벗스쿨과 지은이에게 있습니다.
허락 없이 복제하거나 다른 매체에 옮겨 실을 수 없습니다.

ISBN 978-89-6222-603-4 (73400)
      (길벗스쿨 도서번호 200142)

───────────────────────────

독자의 1초를 아껴주는 정성 **길벗출판사**
길벗 IT실용서, IT/일반 수험서, IT전문서, 경제실용서, 취미실용서, 건강실용서, 자녀교육서
더퀘스트 인문교양서, 비즈니스서
길벗이지톡 어학단행본, 어학수험서
길벗스쿨 국어학습서, 수학학습서, 유아학습서, 어학학습서, 어린이교양서, 교과서

사진제공
135쪽 청자상감신사모란문매병_국립중앙박물관
156쪽 천상열차분야지도_국립민속박물관

★일러두기
어려운 과학 용어는 용어 옆에 *표시를 하여 176쪽 '과학 용어 사전'에 풀이해 놓았습니다.

전통에서 배우는
과학 원리

그래서 이런 전통 과학이 생겼대요

글 우리누리 | 그림 이창우

책머리에

그래서 이런 전통 과학이 생겼대요

옛날 우리 조상들은 과학 원리를 이용하여 살림살이를 만들어 냈어요. 기계나 화학제품이 없어도 흙, 풀, 나무, 물, 바람 등 주변에 있는 자연에 과학적인 슬기를 더하여 멋진 도구를 완성했답니다.

마을 사람들이 함께 쓰던 우물을 떠올려 보세요. 우리 조상들은 우물 아래에 숯과 자갈을 깔아 물을 깨끗이 걸러 냈어요. 숯이 불순물을 흡수하고 자갈이 작은 먼지들을 떠오르지 못하게 한다는 것을 알았기 때문이지요.

그뿐인가요? 우리 조상들은 작용과 반작용의 원리를 이용한 세계 최초의 로켓 무기, 신기전을 만들어 냈어요. 도르래를 이용하여 효율적으로 짐을 들 수 있는 거중기도 만들었지요.

그런데 참 이상해요. 이렇게 수준 높은 과학 문화를 가지고 있는데도 막상 "우리 문화는 어떤 점이 과학적이에요?"라는 질문을 받으면 머뭇거리게 돼요. 그저 '뛰어나다', '훌륭하다'는 얘기만 들어 왔을 뿐, 어떤 점이 뛰어난지, 그 안에 어떤 과학 원리가 숨어 있는지에 대해서는 잘 모르기 때문이에요.

이 책은 우리 전통문화 안에 어떤 과학적 슬기가 담겨 있는지, 우리 조상들이 얼마나 지혜롭고 현명했는지 알려 주기 위해 전통 과학을 네 갈래로 나누어 설명하고 있어요.

첫 번째 장은 의식주 속의 전통 과학이에요. 김장·온돌·누비옷 등 먹고 자고 입는 것 안에 담겨 있는 슬기로운 전통 과학을 담았어요.

　두 번째 장은 도구와 무기 속의 전통 과학이에요. 제기·널뛰기 등의 놀이 도구와, 등잔·죽부인 등의 생활 도구, 그리고 지게·체 등 농기구에 숨어 있는 과학 원리를 소개해요. 신기전·각궁·거북선 등 전통 무기에 담긴 과학도 놓치지 않고 있어서 흥미를 더해요.

　세 번째 장에서는 문화재 속의 전통 과학을 다루어요. 석굴암·성덕 대왕 신종 같은 문화재뿐 아니라《자산어보》,《동의보감》등 전문 서적 속에 녹아 있는 과학도 찾아냈어요.

　네 번째 장은 하늘과 땅을 연구한 전통 과학이에요. 땅과 관련한 풍수지리, 날씨와 관련한 측우기, 하늘과 관련한 천상열차분야지도 등 빛나는 우리 과학을 모았어요.

　우리 과학의 뿌리를 아는 일은 우리 역사를 배우고, 우리 문화를 사랑하는 것만큼 중요하고 뜻깊은 일이에요. 이 책을 읽고 우리의 훌륭한 전통문화에 대해 자부심을 가지기 바랍니다.

글쓴이 우리누리

차례

1장. 의식주 속의 전통 과학

바닷물을 끓여서 만든 소금 **자염** ◆ 12
소금에 절여 발효 시킨 음식 **젓갈** ◆ 14
단백질을 응고시켜 만든 식품 **두부** ◆ 16
미생물을 키워 맛을 내는 식재료 **메주** ◆ 18
좋은 술을 빚기 위해 넣는 발효제 **누룩** ◆ 20
땅속 온도로 숙성시키는 김치 **김장** ◆ 22
피톤치드를 내뿜는 천연 방부제 **솔잎** ◆ 24
비타민과 무기질이 풍부한 식품 **말린 나물** ◆ 26
압력을 높여 고슬고슬한 밥을 짓는 그릇 **가마솥** ◆ 28
수증기로 떡을 찌는 그릇 **시루** ◆ 30
구멍으로 숨 쉬는 그릇 **옹기** ◆ 32
열이 잘 전도되지 않아 천천히 식는 그릇 **뚝배기** ◆ 34
구리와 주석을 섞어 만든 그릇 **유기** ◆ 36
마찰력으로 콩즙을 짜는 기구 **맷돌** ◆ 38
떡의 밀도를 높여 쫄깃하게 만드는 판 **떡살** ◆ 40
나무의 수축과 팽창을 이용한 집 **굴피집** ◆ 42
열을 전달하여 집을 데우는 장치 **온돌** ◆ 44
숯과 자갈로 불순물을 걸러 내는 시설 **우물** ◆ 46
열의 전달을 막아 얼음을 보관하는 창고 **석빙고** ◆ 48
피부병을 막고 아름다운 빛깔을 내는 염색법 **쪽 염색** ◆ 50
공기를 가둬서 보온성을 높이는 옷 **누비옷** ◆ 52
옷을 깨끗하게 빨아 주는 염기성 용액 **잿물** ◆ 54

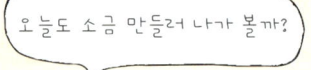
오늘도 소금 만들러 나가 볼까?

두드려서 옷의 구김을 펴는 일 **다듬이질** ◆ 56

발수성 있는 식물로 만든 비옷 **도롱이** ◆ 58

압력을 낮추어서 눈 속에 빠지지 않는 덧신 **설피** ◆ 60

2장. 도구와 무기 속의 전통 과학

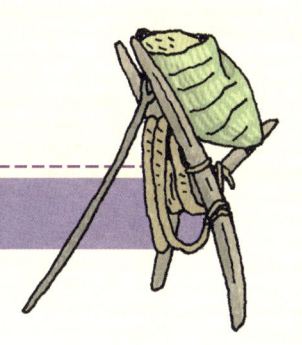

마찰열로 불을 피우는 도구 **눌비비와 활비비** ◆ 64

물의 오물을 거르는 장치 **물챙이** ◆ 66

땅을 기름지게 하는 천연 비료 **거름** ◆ 68

운동 방향을 바꾸어 곡식을 떠는 기구 **도리깨** ◆ 70

알갱이 크기 차이를 이용한 거름 장치 **체** ◆ 72

무게 차이로 쭉정이를 골라내는 기구 **키** ◆ 74

물의 위치 에너지로 곡식을 빻는 기구 **물레방아** ◆ 76

마찰력으로 껍질을 벗기는 기구 **매통** ◆ 78

마찰력을 줄여 큰 짐을 옮기는 기구 **소 썰매** ◆ 80

무게 중심을 이용하여 짐을 지는 기구 **지게** ◆ 82

부력을 이용한 물질 도구 **테왁** ◆ 84

빠르게 실을 잣는 기구 **물레** ◆ 86

유독 성분이 없는 전통 풀 **천연 접착제** ◆ 88

나무가 썩는 것을 막는 천연 칠감 **옻** ◆ 90

그을음과 아교를 섞어 만든 물감 **먹** ◆ 92

모세관 현상으로 불을 밝히는 그릇 **등잔** ◆ 94

열이 잘 전도되는 여름 용품 **죽부인과 대자리** ◆ 96

적이 침입했을 때 소식을 전하는 통신 시설 **봉수대** ◆ 98

화약 폭발에 반드시 필요한 재료 **염초** ◆ 100

작용과 반작용의 원리를 이용한 조선의 로켓 **신기전** ◆ 102

탄성력이 강한 재료로 만든 활 **각궁** ◆ 104

부력을 키워 물에 띄운 배 **거북선** ◆ 106

도르래를 이용하여 돌을 옮기는 기계 **거중기** ◆ 108

공기 저항력을 이용한 민속놀이 **제기차기** ◆ 110

회전력을 이용한 민속놀이 **팽이치기** ◆ 112

지레의 원리를 이용한 민속놀이 **널뛰기** ◆ 114

방구멍이 있어 바람에 강한 연 **방패연** ◆ 116

진자 운동을 이용한 민속놀이 **그네뛰기** ◆ 118

3장. 문화재 속의 전통 과학

지레의 원리와 빗면의 원리를 이용한 무덤 **고인돌** ◆ 122

고구려인의 공예 기술이 만들어 낸 문화유산 **고구려 고분 벽화** ◆ 124

맥놀이 현상으로 커졌다 작아지는 종소리 **성덕 대왕 신종** ◆ 126

응결 현상이 일어나지 않게 설계된 사원 **석굴암** ◆ 128

대장경을 보관하기 위해 지은 건축물 **해인사 장경판전** ◆ 130

물 위에 술잔을 띄워 놀던 연회 장소 **포석정** ◆ 132

은은한 비색을 띠는 자기 **고려청자** ◆ 134

공명 현상을 일으키는 악기 **거문고** ◆ 136

보존성이 뛰어난 전통 종이 **한지** ◆ 138

세계 최초의 금속 활자본 **직지심체요절** ◆ 140

과학성과 체계성을 갖춘 문자 **훈민정음** ◆ 142

조선의 물고기 백과사전 **자산어보** ◆ 144

세계 최초의 질병 예방법 **동의보감** ◆ 146

체질에 따라 다른 약을 쓰는 의학 **사상 의학** ◆ 148

4장. 하늘과 땅을 연구한 전통 과학

태양의 위치에 따라 나눈 계절 **24절기** ◆ 152

동양의 가장 오래된 천문대 **첨성대** ◆ 154

고구려인의 우주관을 엿볼 수 있는 별자리 지도 **천상열차분야지도** ◆ 156

내린 비의 양을 재는 기구 **측우기** ◆ 158

강물의 높이를 재는 기구 **수표** ◆ 160

풍향과 풍속을 재는 깃발 받침대 **풍기대** ◆ 162

그림자로 시간을 알려 주는 해시계 **앙부일구** ◆ 164

자동으로 시간을 알려 주는 물시계 **자격루** ◆ 166

하늘을 관측하는 기구 **대간의와 소간의** ◆ 168

우리 조상들이 만든 달력 **칠정산** ◆ 170

땅의 기운으로 점을 치는 이론 **풍수지리** ◆ 172

기호를 이용하여 정밀하게 그린 지도 **대동여지도** ◆ 174

부록 **과학 용어 사전** ◆ 176
　　　교과 연계표 ◆ 180

1장
의식주 속의 전통 과학

- 자염 - 젓갈 - 두부 - 메주 - 누룩 - 김장
- 솔잎 - 말린 나물 - 가마솥 - 시루 - 옹기
- 뚝배기 - 유기 - 맷돌 - 떡살 - 굴피집 - 온돌
- 우물 - 석빙고 - 쪽 염색 - 누비옷 - 잿물
- 다듬이질 - 도롱이 - 설피

바닷물을 끓여서 만든 소금
자염

부잣집 아들 차돌이는 소금을 만드는 염부꾼의 딸 분이와 사랑에 빠졌어요. 차돌이는 분이와 결혼을 약속했지만, 부모님의 반대에 부딪혔지요.

"안 된다. 가난하고 별 볼 일 없는 염부꾼의 딸이라니!"

차돌이는 분이가 아니면 누구와도 혼인을 하지 않겠다며 버텼어요. 차돌이의 부모님은 할 수 없이 결혼을 허락했지만, 여전히 분이가 눈에 차지 않아서 툭하면 분이를 구박하고 나무랐지요. 시집보낸 딸의 소식을 들은 분이 부모님은 차돌이 부모님을 집으로 초대했어요.

분이 어머니는 차돌이 부모님을 위해 상다리가 휘어지도록 밥상을 차렸어요. 그런데 음식들이 하나같이 싱겁고 맛이 없었지요. 언짢은 표정으로 수저를 내려놓는 차돌이 부모님을 보고 분이 어머니가 말했어요.

"모두 싱겁고 맛이 없지요? 일부러 음식에 소금을 넣지 않았습니다."

이 말을 듣고 차돌이 부모님이 자리를 박차고 일어나려 하자 분이 어머니가 애써 앉히며 말을 이어 갔어요.

"사돈댁 눈에는 저희 같은 염부꾼들이 가난하고 별 볼 일 없어 보이시겠지요. 하지만 저희 같은 사람이 있어야 맛있는 음식을 드실 수 있는 것 아니겠습니까? 그러니 저희 분이를 귀한 소금처럼 여겨 주십시오."

그제야 차돌이 부모님은 자신들의 잘못을 크게 뉘우쳤어요.

옛날 우리 조상들은 바닷물을 솥에 끓여 졸이는 방법으로 소금을 만들었어요. 이런 소금을 자염이라고 하지요.

자염은 갯벌에서 얻을 수 있어요. 소를 이용하여 써레질을 해서 갯벌 흙을 잘 말리면, 바닷물이 햇빛에 증발*하면서 소금꽃이 피어나요. 소금기가 많은 흙으로 웅덩이를 만들고, 그 속을 갈대와 잔 나뭇가지로 채워요. 그런 다음 웅덩이에 바닷물을 부어 웅덩이 한편에 만들어 놓은 구멍으로 받아 내면 짠 바닷물을 얻을 수 있어요. 이것을 가마에 넣고 오래도록 끓이면 자염이 만들어져요.

100년 전만 해도 자염은 우리 조상들의 유일한 소금 제조법이었어요. 그러다 1900년대 초, 일본에서 들어온 천일염 제조법에 밀려 한동안 사라지게 되었지요. 최근에는 자염이 칼슘과 미네랄이 풍부하고 염도(소금기의 정도)가 낮다는 사실이 알려지면서, 자염에 대한 관심이 높아지고 있답니다.

소금에 절여 발효시킨 음식
젓갈

"젓갈 사려! 맛있는 명란젓, 오징어 젓 사려!"

어느 산골 마을에 젓갈 장수의 목소리가 울려 퍼졌어요. 소리를 듣고 마당으로 나온 구복이는 젓갈 장수에게 물었어요.

"명란젓? 그거 바다에서 나는 명태 알로 담근 거 아니오?"

"암요, 탱글탱글한 명태 알을 몸에 좋은 천일염에 절인 것이지요."

"바다에서 여기까지 꼬박 닷새는 걸릴 텐데, 그동안 상하지 않소?"

구복이가 걱정하며 묻자 젓갈 장수는 자신 있게 말했어요.

"그러니 젓갈로 만들었지요. 소금에 절여서 숙성시킨 것이기 때문에 쉽게 상하지 않습니다요. 여기 한번 맛보세요."

구복이는 명란젓을 맛보고는 몸을 부르르 떨었어요.

"짭짜름하니 입에 착착 감기네. 한 근만 주시오."

"오징어 젓도 끝내줍니다. 젓갈은 영양덩어리 밥도둑이라니까요."

지나던 마을 사람들도 젓갈을 맛보고는 그 맛에 감탄하며 너도나도 젓갈을 사 갔어요. 젓갈 장수의 입에는 보름달 같은 미소가 걸렸답니다.

젓갈은 조갯살이나 생선의 알, 내장 등을 소금에 절여 만든 발효* 식품이에요. 어패류를 소금에 절여 10~15도에서 1년 정도 숙성시키면 특유의 감칠맛과 향이 더해져 맛있는 젓갈이 만들어지지요.

젓갈은 소금에 절여서 만들기 때문에 염도가 높아 건강에 해롭지 않을까 하는 우려도 있어요. 그러나 우리 몸에 부족하기 쉬운 필수 아미노산*이 풍부해서 높은 염도에도 불구하고 건강 음식으로 알려져 있지요. 게다가 젓갈이 발효되는 과정에서 생선의 뼈나 갑각류의 껍질이 먹을 수 있을 정도로 연해지는데, 그것은 우리 몸에 중요한 칼슘 공급원이 돼요. 최근에는 현대인의 입맛에 맞추어 젓갈을 많이 짜지 않게 담그기도 한답니다.

단백질을 응고시켜 만든 식품
두부

내일은 오솔이의 생일날이에요.
"오솔아, 내일 생일인데 뭐 먹고 싶은 것 없니? 언니가 만들어 줄게."
"두부! 언니, 나 두부 만들어 줘."
"두부? 할머니가 만들 때 구경만 했지, 직접 해 본 적은 없는데……."
난감해하는 언니의 뒤로 할머니가 나타났어요.
"우리 강아지 생일상 차려 주려고 왔지! 두부는 할미가 만들어 주마."

할머니는 노란 콩을 깨끗하게 씻었어요. 먼지가 뒤섞여 얼룩덜룩했던 콩이 말끔해졌지요. 콩을 다 씻은 다음에는, 하루 정도 불려야 해요. 오솔이는 따끈한 두부를 먹을 생각에 벌써부터 군침이 돌았지요.

다음 날 아침, 할머니는 불린 콩부터 살폈어요. 콩이 적당히 불은 것을 확인하고는 오솔이의 언니를 불렀지요.

"은솔아, 가서 맷돌 가져오너라."

할머니는 콩을 맷돌에 갈기 시작했어요. 맷돌 사이로 뽀얀 콩물이 흘러나오자 할머니는 그것을 받아 가마솥에 끓여 냈지요. 그런 다음 끓인 콩물을 자루에 넣고 꾹꾹 짜냈어요. 그러자 자루 밖으로 하얀 두유가 걸러져 나왔지요.

"두유를 끓이다가 간수를 넣으면 몽글몽글하게 뭉쳐진단다. 그것을 네모난 틀에 붓고 틀 위에 무거운 것을 올려놓으면 두부가 되지."

그날 오솔이네 식구들은 오솔이의 생일을 축하하며 두부를 먹었어요.

두부는 콩에서 얻은 두유에 간수를 넣어서 만들어요. 간수란 바닷물에서 소금을 걸러 내고 나서 얻을 수 있는 투명한 용액인데, 습기 찬 소금에서도 손쉽게 얻을 수 있어요. 단백질을 응고*시키는 효과가 있어서, 단백질이 주성분인 두유에 간수를 넣으면 두유가 몽글몽글하게 뭉쳐져서 두부가 되지요. 오늘날에는 두부를 만들 때 대부분 간수 대신 공장에서 만든 화학 응고제를 써요.

미생물을 키워 맛을 내는 식재료
메주

늦가을, 아침이 밝았어요.

"송이야, 날씨가 참 좋구나. 오늘은 메주를 쑤자."

엄마는 부엌으로 가서 가마솥에 콩을 삶았어요. 고소한 냄새가 온 동네로 퍼질 즈음 콩이 다 삶아졌지요. 삶은 콩은 건져서 절구로 옮겼어요.

"쾅쾅쾅! 쿵쿵쿵!"

엄마는 따끈따끈한 콩을 절구로 찧기 시작했어요. 식기 전에 찧어야 콩이 잘 으깨지거든요.

"엄마, 저도 해 볼래요."

"절굿공이가 꽤 무거워서 송이 네가 하기엔 무리일 것 같구나. 그러지 말고 가서 메주 틀 좀 찾아오너라."

엄마는 찧은 콩들을 네모난 메주 틀에 꽉꽉 눌러 담았어요. 뚝딱뚝딱 메주를 빚어내는 엄마의 손길이 송이는 그저 신기하기만 했어요.

송이는 엄마가 빚은 메주들을 서늘한 곳으로 옮겼어요. 메주를 잘 말리기 위해 바닥에 볏짚을 까는 것도 잊지 않았지요. 볏짚 위에 메주를 올려놓은 다음에는 메주 위에도 볏짚을 덮었어요. 그래야 메주가 잘 뜬다고 엄마에게 들었거든요.

사흘 뒤 엄마와 송이는 메주가 잘 마르고 있는지 살폈어요. 어느 정도 마른 것을 확인하자, 엄마는 새끼줄로 메주를 묶어 선반에 매달았지요. 이것으로 메주 만들기는 모두 끝이 났어요. 이제 메주가 잘 뜨기만을 기다리면 되지요.

늦가을에 만드는 메주는 바람이 잘 통하는 곳에 두고 천천히 말리면서 이듬해 봄까지 발효*시켜요. 메주를 말릴 때에는 바닥과 메주 위에 볏짚을 깔거나 덮어 두었다가 얼마 후에 볏짚으로 만든 새끼줄로 묶어서 매다는데, 볏짚에 들어 있는 고초균(흙, 마른 풀, 먼지 등에 자라는 세균)이 메주의 발효를 돕기 때문이에요.

볏짚에 있는 곰팡이, 효모, 세균 등 온갖 미생물이 번식하는 가운데 메주는 자연 발효가 돼요. 메주에서 자란 미생물은 콩의 단백질을 분해하는데, 이때 메주 특유의 맛과 향이 만들어지지요.

좋은 술을 빚기 위해 넣는 발효제
누룩

　고려 말, 강릉 태수를 지낸 조운흘의 집은 술맛이 좋기로 유명했어요. 그 맛이 어찌나 기막힌지, 한번 술맛을 본 사람들은 잊지 못하고 다시 찾아오곤 했지요. 늘 손님들로 집이 붐비자 조운흘은 고민에 빠졌어요.
　'이렇게 줄줄이 손님이 찾아오니……. 이걸 다 어떻게 감당하지? 그렇다고 내칠 수도 없고.'
　골똘히 생각에 잠긴 조운흘의 머릿속에 좋은 수가 떠올랐어요.

'그렇지! 술맛이 없으면 손님들이 더 이상 찾아오지 않겠지?'

조운흘은 서둘러 하인들을 불러 모았어요.

"여봐라, 이제부터 누룩을 밟을 때는 슬슬 밟도록 해라."

"네? 나리, 누룩을 슬슬 밟으면 술맛이 떨어질 텐데요?"

"거참, 말이 많구나. 잔말 말고 내가 시키는 대로 하여라."

하인들은 영문을 몰라 고개만 갸웃거렸어요. 어찌 되었든 주인의 명이니 하인들은 따를 수밖에 없었지요.

며칠 뒤, 조운흘의 집에 또다시 손님이 찾아왔어요. 조운흘은 계획대로 손님에게 슬슬 밟은 누룩으로 빚은 술을 내놓았지요. 술을 마신 손님의 표정이 대번에 일그러졌어요.

"아니, 술맛이 왜 이렇습니까?"

"무슨 일인지 요즘 저희 집에서 빚는 술이 죄다 이렇게 시금털털한 맛이 나지 뭡니까? 당최 그 이유를 모르겠습니다. 이런 술을 더 권하는 건 예의가 아닌 것 같으니, 일단 술상을 물리겠습니다."

이런 일이 반복되자 손님들은 더 이상 조운흘의 집을 찾지 않았답니다.

누룩은 밀, 보리, 쌀, 녹두 따위의 가루에 물을 섞어 반죽한 다음, 그것을 틀에 넣고 꾹꾹 밟아 만들어요. 모양이 잡히면 온돌방 아랫목이나 헛간에 놓고 짚이나 쑥으로 덮어 두어요. 짧게는 일주일, 길게는 40일쯤 지나면 누룩곰팡이가 피어나지요. 잘 피어난 누룩곰팡이는 막걸리 같은 전통주를 빚을 때 발효제 역할을 해요.

누룩을 잘 만드는 비결은 밟는 방법에 있어요. 누룩을 단단히 밟지 않으면 알갱이 사이에 생긴 공간으로 열이 빠져나가서 누룩곰팡이가 제대로 생기지 않는답니다.

땅속 온도로 숙성시키는 김치

김장

"얘, 이것 좀 먹어 봐라."

엄마가 난실이에게 김치 한 조각을 내밀었어요.

"음, 간이 적당한 것 같은데요?"

오늘은 난실이네 가족이 김장을 담그는 날이에요. 엄마가 김치를 버무리는 동안 아빠는 마당에 땅을 파고 그 안에 커다란 옹기를 묻었어요.

"아빠, 김장 김치는 왜 땅에 묻어요?"

"날이 추워져도 김치가 얼지 않게 하려고 그러지."

"땅속은 겨울에 안 추워요?"

"추운 겨울바람이 몰아치는 바깥보다는 바람이 들지 않는 땅속이 훨씬 따뜻하지. 땅속은 바깥보다 열이 오르거나 내리는 속도가 느려서, 여름에는 시원하고 겨울에는 따뜻하단다."

그때 외출했던 할아버지가 돌아왔어요.

"어미야, 내가 너무 늦게 왔냐? 오늘 같은 날 고기 한 점씩 먹어야지."

난실이는 쪼르르 달려가서 할아버지가 건넨 봉투를 받아 왔어요. 그 안에는 돼지고기가 묵직하게 들어 있었지요.

"아니에요, 아버님. 지금 준비하면 저녁에 다 같이 먹을 수 있겠어요."

엄마는 서둘러 고기를 삶아 냈어요. 노랗게 잘 익은 배추와 김치 양념을 준비해서 상을 차렸지요. 하루 종일 심부름을 하느라 동분서주했던 난실이는 고기를 배추에 야무지게 싸서 맛있게 먹었어요.

김장을 담그는 시기는 지역마다 조금씩 다른데, 보통 11월 초순경 시작돼요. 이 시기에 6~7도의 기온이 보름 정도 이어지는데, 김치는 대체로 2~7도에서 2~3주간 숙성시켜야 가장 좋은 맛이 나거든요.

그런데 맛있게 익은 김치를 왜 땅속에 묻는 걸까요? 김치는 온도가 너무 높으면 신맛이 강해져서 결국에는 못 먹게 돼요. 반대로 온도가 너무 낮으면 얼어 버리지요. 따라서 적당한 온도를 꾸준히 유지하는 것이 중요한데, 겨울철 땅속 온도는 한겨울에도 영하 1도에서 0도 사이를 오가기 때문에 김치를 보관하기에 딱이랍니다.

피톤치드를 내뿜는 천연 방부제
솔잎

　보름달이 환하게 뜬 추석날 저녁, 엄마는 따끈따끈한 송편을 그릇에 내왔어요. 송편 사이사이에는 솔잎이 듬성듬성 붙어 있었지요. 진이는 송편을 보고 입을 비죽였어요.

　"엄마, 송편에 왜 솔잎을 넣고 쪄요? 솔잎 때문에 먹기 힘들어요."

　"솔잎이 얼마나 몸에 좋은데? 소나무는 언제나 푸르고 건강하잖니? 솔잎을 넣고 찌면 송편이 소나무의 기운을 받아 몸에 좋은 약이 된단다."

"쳇, 거짓말."

아빠가 거들었어요.

"정말이야. 송편을 먹으면 소나무처럼 건강해져."

엄마는 아빠의 입에 송편을 넣어 주며 말했어요.

"여보, 이것 보세요. 진이가 이렇게 야무지고 예쁘게 송편을 빚었어요."

"진이 솜씨였어? 송편 빚은 걸 보니, 우리 진이 시집가도 되겠네."

진이네 가족은 도란도란 이야기를 나누며 추석 밤을 보냈답니다.

송편을 찔 때는 솔잎을 넣어 찌기도 해요. 시루 바닥에 솔잎을 깐 다음 송편을 올리고, 그 위에 또 솔잎을 깔고 송편을 올리기를 반복하는 방법을 쓰지요. 이렇게 솔잎을 넣어 찌면 은은한 솔향기가 배어들어 송편 맛이 훨씬 더 좋아져요. 게다가 사이사이에 들어 있는 솔잎 덕분에 송편이 서로 엉겨 붙지 않아서 찌는 동안 떡 모양이 유지되지요.

무엇보다도 솔잎을 넣고 찐 송편은 오래 두고 먹을 수 있다는 장점이 있어요. 솔잎에서 나오는 '피톤치드'라는 성분 덕분이지요. 피톤치드란 식물이 다른 미생물로부터 자신을 방어하기 위해 내뿜는 물질인데, 공기 중의 세균이나 곰팡이 같은 유해 세균을 없애는 효과가 있어요. 특히 솔잎은 보통 나무에 비해 10배 정도 강한 피톤치드를 내뿜어요. 따라서 솔잎을 넣고 송편을 찌면 피톤치드 성분이 퍼져서 송편이 잘 상하지 않아요. 솔잎이 천연 방부제 역할을 하는 거지요.

비타민과 무기질이 풍부한 식품

말린 나물

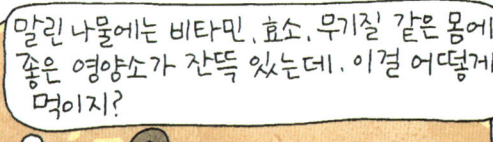

창우네 할머니는 새벽부터 부지런히 나물을 볶았어요. 오늘이 바로 음력 1월 15일, 정월 대보름이거든요. 정월 대보름에는 집집마다 오곡밥과 나물 반찬을 만들어 먹어요.

나물 볶는 고소한 냄새가 집 안 가득 퍼져 나갔어요. 밥상 앞에 앉은 창우와 창우 아빠는 푸짐하게 차려진 음식을 보고 입을 떡 벌렸지요.

"우와, 한겨울에 이 많은 나물들이 다 어디서 났어요?"

상에는 쌀, 팥, 콩, 조, 수수를 넣은 따끈따끈한 오곡밥과 호박고지, 박고지, 말린 가지, 말린 버섯, 고사리, 고비, 도라지, 시래기, 고구마 순을 볶은 여러 나물 반찬들이 차려져 있었어요.

　"봄가을에 말려 둔 나물들을 꺼내다 만들었지. 오늘이 대보름 아니냐?"

　창우 귀에는 아빠와 할머니의 말이 조금도 들어오지 않았어요. 어서 먹고 싶은 마음에 할머니와 아빠의 수저만 뚫어져라 보고 있었지요.

　"어서 먹자꾸나. 우리 창우 숨넘어가겠다."

　할머니와 아빠가 차례로 수저를 들자 그제야 창우도 젓가락을 들었어요. 창우는 제일 먼저 말린 가지 나물을 집어 한입 가득 먹었어요.

　"창우야, 맛이 어떠냐?"

　창우는 입가에 삐져나온 가지를 욱여넣으며 활짝 웃었어요.

　"고소하고 맛있어요. 역시 우리 할머니 손맛이 최고예요!"

　예부터 우리 조상들은 봄에 뜯은 산나물과 가을에 거둔 채소들을 말려 보관했어요. 제철 나물들을 오래 먹기 위해 말려서 간수하는 것을 가리켜 '나물을 갈무리한다'고 하지요.

　푸른 채소가 나지 않는 겨울에 갈무리한 나물을 먹으면 영양분을 보충할 수 있어요. 생나물을 데치고 말리다 보면 비타민 C나 엽산 같은 일부 영양소가 파괴되기도 하지만, 이 과정에서 비타민 D 같은 새로운 영양소가 생겨나지요. 또한 말린 나물은 생나물보다 부피*가 작아서 한 번에 많이 섭취할 수 있다는 장점이 있어요.

압력을 높여 고슬고슬한 밥을 짓는 그릇

가마솥

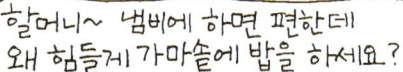
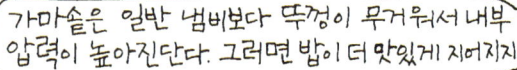

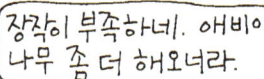

"옥주야, 여보, 나 왔어요."

밖에서 아빠 목소리가 들리자 옥주는 신이 나서 방을 뛰쳐나갔어요.

"아빠!"

옥주의 아빠는 전국 오일장을 돌며 물건 파는 일을 해요. 한번 집을 떠나면 보름 만에 돌아오기도 해서, 옥주와 엄마는 아빠가 돌아올 날을 손꼽아 기다리곤 하지요.

옥주는 아빠를 도와 짐 정리를 하고, 엄마는 그사이 부엌으로 갔어요.

"배고프죠? 조금만 있어요. 따끈따끈한 밥 차려 드릴게요."

엄마는 무쇠 가마솥에 쌀과 물을 붓고 뚜껑을 덮었어요. 고소한 밥 냄새가 집 안 가득 퍼졌지요. 밥이 다 되자 엄마와 옥주는 부지런히 밥상을 차려 마루로 날랐어요. 아빠는 밥을 한 술 푹 떠 입에 가득 넣었어요.

"역시 당신이 가마솥에 정성스레 지어 준 밥이 제일이라니까!"

가마솥 밥이 일반 냄비 밥보다 맛있는 데는 특별한 이유가 있어요. 비밀은 솥뚜껑에 숨어 있지요.

솥을 가열하면 솥 안의 물이 끓어 수증기로 변해요. 이때 뚜껑이 가벼우면 달칵달칵 흔들리면서 수증기가 밖으로 빠져나가지만, 가마솥처럼 뚜껑이 무겁고 단단하면 들썩거림이 적어서 수증기를 솥 안에 가두어요. 밖으로 나가려는 수증기를 뚜껑이 누르고 있기 때문에 솥 안의 압력*이 높아지지요. 이렇게 압력이 높아지면 끓는점*도 같이 높아져서 평소보다 높은 온도에서 쌀이 익어요. 높은 온도에서 음식을 익히면 짧은 시간 안에 익기 때문에 비타민과 무기질 등의 영양소 파괴가 적고 밥맛이 좋아지지요.

가마솥의 원리는 오늘날 전기 압력 밥솥에 사용되고 있어요. 전기 압력 밥솥은 무거운 뚜껑에 잠금 장치까지 달아서 더 높은 압력에서 밥을 지어요. 게다가 장작으로 불을 지피는 것이 아니라, 전기로 가열하니 품도 훨씬 덜 들지요.

수증기로 떡을 찌는 그릇
시루

아침부터 부엌에선 엄마의 손길이 분주했어요. 오늘은 새로 이사 온 동네 이웃들에게 떡을 돌리기로 한 날이거든요.

엄마는 구멍이 숭숭 뚫린 떡시루 바닥에 짚으로 만든 둥근 받침을 깔고, 그 위에 헝겊에 싼 떡 반죽을 얹었어요. 그런 다음 짚으로 만든 방석 모양의 덮개를 시루 위에 씌웠지요.

"솥이야, 솥에 물은 넉넉하니?"

솥 안을 살핀 솔이가 고개를 끄덕이자, 엄마는 떡시루를 솥 위에 얹었어요. 그리고 시루와 솥 사이에 생긴 틈에 쌀가루 반죽을 발랐지요. 그래야 틈 사이로 수증기가 빠져나가지 않거든요.

"이제 다 됐다. 떡이 따끈하게 쪄질 때까지 기다리기만 하면 돼."

엄마가 아궁이에 불을 지폈고, 솔이는 배시시 웃으며 그 곁에 쪼그려 앉았어요.

"엄마, 떡 다 되면 옆집 덕이네는 내가 가져다줄래요."

솔이는 떡이 빨리 쪄지기를 기다리며 오래도록 불 옆을 지켰답니다.

액체인 물을 가열하면 기체인 수증기로 변해요. 수증기를 이용하여 떡을 찌는 그릇이 바로 시루예요. 시루 밑에는 구멍이 숭숭 뚫려 있어서 수증기가 아래에서 위로, 위에서 아래로 끊임없이 움직이며 떡 반죽을 찌지요.

그런데 수증기는 차가운 공기와 만나면 한데 뭉쳐서 물방울이 되는 성질이 있어요. 이것을 응결*이라고 하지요. 만약 수증기가 물방울이 되어서 떡 위로 떨어져 버리면 떡이 포실포실하게 쪄지지 않겠지요? 그래서 시루 위에 공기가 잘 통하는 짚이나 미세한 구멍이 많은 천을 덮어 주는 거예요. 그래야 수증기가 응결되어 물방울이 맺히더라도 떡에 직접 떨어지지 않고 덮개에 스며들지요.

구멍으로 숨 쉬는 그릇
옹기

"옹기 사려!"

한돌이는 지게 한가득 옹기를 지고 장터로 들어섰어요. 기다리던 사람들이 옹기를 보고는 우르르 몰려들었지요.

"혹시나 오늘 장터에 안 나오나 걱정했어. 집에서 김치 담을 큰 옹기 하나 사 오라고 했거든."

"나는 장아찌 담을 작은 게 필요해요."

"우리 집 물독이 깨졌어요. 물독 하나 주세요."

주문이 밀려들자 한돌이는 싱글벙글이었어요.

"예, 예. 오늘 물건 정말 좋으니까 얼른 사 가세요."

예부터 옹기는 우리 생활에서 없어서는 안 될 소중한 물건이었어요. 장을 담그고, 반찬을 저장하고, 물을 받아 놓는 등 일상생활에서 쓰는 대부분의 그릇이 옹기였지요. 옹기는 우리말로 '독'이라고 해요. 그래서 장을 담는 옹기를 장독, 물을 담는 옹기를 물독이라고 하지요.

옹기는 흙을 반죽해서 모양을 빚고, 그 위에 '약토'라는 황갈색의 유약을 입힌 다음 가마에서 1,300도에 구워서 만들어요. 뜨거운 불에 구워질 때 반죽에 남아 있던 수분이 빠져나가면서 옹기 곳곳에 아주 작은 구멍들이 생기는데, 이 구멍은 매우 중요한 역할을 해요. 이 구멍 덕분에 공기가 옹기 안팎으로 드나들고, 그래서 옹기에 담긴 음식을 오랫동안 보관할 수 있지요.

옹기는 습도 조절에도 탁월해요. 내부에 습기가 많다 싶으면 알아서 습기를 빨아들이고, 부족하면 머금었던 습기를 내뱉어서 음식물의 습도를 조절하지요. 아침에 지은 밥을 옹기에 넣어 두면 저녁때가 되어도 굳거나 쉬지 않고 고슬고슬한 밥맛을 그대로 유지할 수 있어요.

시간이 흘러 사용이 편리한 스테인리스나 유리, 플라스틱으로 만든 그릇들이 생겨나면서 옹기를 쓰는 집이 많이 줄었어요. 그러나 최근에는 옹기의 장점들이 다시 주목받기 시작하면서, 냉장고에 보관할 수 있는 냉장고용 옹기나 보관이 간편한 사각 옹기 등이 나왔답니다.

열이 잘 전도되지 않아 천천히 식는 그릇

뚝배기

덕이는 과거 시험을 보러 아침 일찍 길을 떠났어요.

"한양까지 가려면 사나흘은 꼬박 걸릴 테니, 서둘러야지."

덕이는 부지런히 걷고 또 걸었어요. 아침은 집에서 싸 온 주먹밥으로 간단히 해결하고 쉬지 않고 걸었지요. 날이 저물고 뱃속에서 꼬르륵거리는 소리가 요동칠 무렵 저 멀리 불빛이 보였어요.

"휴, 저기 주막이 보이네. 오늘은 저기서 쉬어 가야겠다."

덕이는 주막에 들어가 마루에 털썩 주저앉으며 주인에게 말했어요.

"여기 국밥 한 그릇 주시오. 그리고 여기서 하룻밤 쉬어 가려는데 방 하나 있소?"

"호호, 잘 찾아오셨어요. 우리 국밥이 이 근방 최고랍니다. 방도 한 칸 내어 드릴게요."

주막 주인은 국밥을 뚝배기에 보글보글 끓여 덕이 앞에 내왔어요. 덕이는 허겁지겁 국밥을 먹기 시작했지요. 마지막 국물을 마실 때까지 국물이 식지 않고 따뜻했어요.

"다 먹을 때까지 국물이 따뜻하니 국밥이 더욱 맛있구나. 여기 한 그릇 더 주시오."

덕이는 뜨끈한 뚝배기 국밥 맛에 푹 빠지고 말았답니다.

뚝배기는 진흙을 빚어 잿물을 입히고 뜨거운 불에 구워 만든 그릇이에요. 지방에 따라 툭배기, 툭수리, 투가리, 둑수리, 툭수리 등 부르는 이름이 다양하지요.

뚝배기는 다른 그릇들에 비해 열이 잘 전도*되지 않아요. 전도란 열이 전달되는 방법 가운데 하나로, 서로 맞닿아 있는 물질끼리 열을 주고받는 것을 말해요. 열은 온도가 높은 곳에서 낮은 곳으로 차례차례 퍼져 나가지요. 구리나 철 같은 금속은 열이 잘 전달되는 반면, 나무나 플라스틱, 흙 같은 물질들은 열이 잘 전달되지 않아요. 따라서 진흙을 구워 만든 뚝배기에 음식을 끓여 내면, 열이 쉽게 밖으로 전달되지 않기 때문에 따뜻한 음식을 오래 즐길 수 있답니다.

구리와 주석을 섞어 만든 그릇
유기

"깡깡깡, 땅땅땅!"

무달이의 아빠는 유기그릇을 만드는 유기장이에요. 무달이네 집은 유기를 두드리는 소리로 날마다 시끌시끌하지요. 무달이 아빠는 어떤 날은 활활 타는 불에 쇳물을 녹이고, 어떤 날은 하루 종일 망치로 쇠를 뚱땅거려요.

"아빠, 제가 도와드릴까요?"

무달이가 공방 안에 빠끔 얼굴을 내밀며 말했어요. 그 모습을 보고 아빠가 너털웃음을 지었지요.

"도와주면 좋지."

무달이는 잔심부름을 하며 유기에 대해 이것저것을 배웠어요.

"구리 1근에 주석 4냥을 넣어야 진짜 유기가 된단다. 이걸 백분율로 계산하면 구리 78퍼센트에 주석 22퍼센트 정도가 되지."

"구리랑 주석 양을 꼭 지켜야 해요?"

"그럼. 원래는 그릇을 만들 때 주석을 20퍼센트 이상 섞으면 쉽게 깨져 버린단다. 그런데 이상하게도 주석을 정확히 22퍼센트만 섞으면 그릇이 깨지지 않고 더욱 단단해지지. 신기하지 않니?"

아빠는 다시 망치질을 시작했어요. 송글송글 맺힌 땀을 훔치며 망치질을 하는 아빠의 모습이 무달이의 눈에는 유기만큼이나 멋져 보였어요.

유기는 구리와 주석을 합금*한 새로운 금속이에요. 현대의 재료 공학 기술에 따르면 주석이 20퍼센트 넘게 들어갈 경우 재료가 약해져서 사용할 수 없다고 해요. 되도록이면 주석을 10퍼센트 이상 섞어 쓰지 않도록 하고 있지요. 그런데 우리 조상들은 여러 번의 실험을 통해 주석을 22퍼센트 넣고 600도의 뜨거운 불에서 두드리면 튼튼한 그릇을 만들 수 있다는 사실을 알아냈어요. 구리와 주석을 특별한 비율로 섞어 그릇을 만드는 것은 다른 나라에서 찾아보기 힘든 우리나라 고유의 전통 기술이지요.

유기그릇은 설거지가 번거롭고 녹이 잘 슨다는 단점 때문에 점점 쓰이지 않게 되었어요. 그러나 최근에는 구리가 우리 몸에 필요한 미네랄을 만들어 주고, 주석이 식중독균을 없애는 효과가 있다는 사실이 밝혀지면서 새롭게 주목을 받고 있지요.

마찰력으로 콩즙을 짜는 기구
맷돌

"연주야, 홍주야. 콩국수 해 먹자."

엄마가 물에 불린 콩을 솥에 삶으며 말했어요.

"우와, 난 엄마가 해 주는 콩국수가 제일 맛있더라."

연주와 홍주는 콩이 삶아질 동안 맷돌을 준비했어요. 콩즙을 받을 널찍한 함지를 준비하고, 나무로 된 두툼한 매판을 가져다 올렸어요. 이제 맷돌을 나를 차례였어요.

"영차. 내가 위짝을 들 테니 홍주 넌 아래짝 들어."

"아휴, 무겁다."

매판 위에 맷돌을 얹고 매손을 걸었어요. 매손은 맷돌의 손잡이지요. 맷돌 준비가 다 되자 엄마가 삶은 콩을 맷돌 구멍에 넣었어요.

"맷돌아 돌아라, 맷돌아 돌아라, 콩아 갈려라."

세 모녀는 즐겁게 노래를 부르며 번갈아 콩을 갈았어요. 드르륵드르륵 콩이 갈리며 하얀 콩즙이 흘러내리자 고소한 향기가 집 안 가득 퍼져 나갔어요.

맷돌은 곡식을 갈거나 눌러 그 즙을 짜 내는 기구예요. 맷돌 위짝에 나 있는 구멍으로 콩을 넣고 매손을 돌리면 달팽이 모양의 홈을 따라 콩이 굴러 내려가요. 그러다 맷돌 위짝과 아래짝이 맞닿은 곳에 도착하지요. 맷돌 아래짝은 위짝과 달리 오톨도톨한 홈이 빗살 모양으로 나 있어요. 맷돌 위짝과 아래짝이 맞닿아 함께 돌아갈 때, 울퉁불퉁한 면 때문에 마찰력*이 더 커져서 콩이 잘 갈리지요.

맷돌은 무게가 무거워서 보관이 어렵고 가는 데 시간이 많이 걸리기 때문에 그 사용이 점차 줄어들고 있어요. 대신 오늘날에는 가볍고 사용이 간편한 믹서를 많이 사용해요. 믹서에는 안쪽에 칼날이 달려 있어서 버튼을 누르면 칼날이 회전하며 음식을 갈아요. 회전하며 음식을 가는 원리는 맷돌과 믹서가 모두 같지만, 천천히 돌면서 음식을 가는 맷돌은 빨리 갈리는 믹서보다 영양소의 파괴가 적고, 음식의 맛이 훨씬 뛰어나다는 장점이 있답니다.

떡의 밀도를 높여 쫄깃하게 만드는 판

떡살

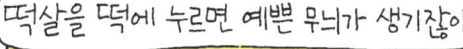

수확이 한창이던 가을날, 아침부터 비가 부슬부슬 내렸어요. 할머니가 대청마루로 나오며 말했어요.

"하늘에서 떡비가 오는구나."

부엌을 나서던 엄마가 활짝 웃으며 대답했지요.

"어머니, 오늘은 떡을 좀 할까 봐요."

옛날에는 가을에 내리는 비를 '떡비'라고 했어요. 곡식을 거두어들이느라 바쁜 추수기에, 이렇게 한차례 비가 내리면 내친김에 집에서 쉬면서 떡을 해 먹었다는 데서 붙여진 이름이지요.

엄마는 쌀을 시루에 쪄 낸 뒤 방망이처럼 생긴 떡메로 쳐서 쫄깃쫄깃하게 만들었어요. 그것을 가래떡 말듯 굵게 비벼서 두꺼운 가락으로 만들었지요. 마지막으로 기다란 떡 가락을 똑똑 끊어서 둥글게 뭉치자 한입에 쏙 들어갈 만한 크기가 되었어요. 그때 할머니가 나무 떡살을 꺼내 왔어요. 떡살에는 고운 꽃무늬가 새겨져 있었지요.

"보기 좋은 떡이 먹기도 좋지."

할머니와 엄마는 떡에 참기름과 소금을 살짝 바르고 그 위에 떡살을 눌러서 모양을 찍어 냈어요. 떡살을 찍을 때마다 예쁜 꽃무늬가 새겨진 절편이 하나씩 완성되어 갔지요.

떡살은 떡에 문양을 찍어 내는 도구예요. 잉어, 벌, 나비, 태극, 꽃, 수레바퀴 등 여러 가지 문양이 있지요.

떡살로 떡에 문양을 새기면, 떡의 모양이 예뻐지고 맛도 더욱 좋아져요. 떡에 압력*을 가함으로써 떡의 부피*가 줄어들면 떡의 밀도*가 높아지지요. 밀도가 높아진 떡은 씹었을 때 쫄깃쫄깃해서 더 맛있답니다.

나무의 수축과 팽창을 이용한 집
굴피집

  한 나그네가 어두운 산길을 헤매고 있었어요. 날이 점점 저물어 가는데 비까지 오는 통에 한 치 앞을 보기가 힘들었지요. 그때 저 멀리 희미한 불빛이 반짝였어요. 나그네는 불빛이 보이는 쪽으로 뛰어갔어요. 달려간 곳에는 아담한 집 한 채가 있었지요.
  "길 가던 나그네입니다. 하루만 쉬어 갈 수 있을까요?"
  나그네의 목소리에 주인 내외가 밖으로 나왔어요. 빗물에 흠뻑 젖은 나그네를 보고 주인은 서둘러 안으로 들였지요.

집으로 들어간 나그네는 한편으로 걱정이 앞섰어요.

'지붕이 초가도 아니고 기와도 아니고 나무껍질로 돼 있네? 오늘처럼 비가 오면 줄줄 새지 않을까?'

아까는 당장 비 피할 곳을 찾느라 정신이 없었는데, 막상 이곳에서 하루 묵을 생각을 하니 불안한 마음이 들었지요. 참다못한 나그네는 결국 주인에게 직접 물어보기로 했어요.

"지붕이 참 특이합니다. 그런데 나무껍질을 지붕으로 쓰는 건 좀 불편하지 않나요? 오늘처럼 비 오는 날엔 비가 샐 수도 있고······."

나그네가 조심스레 묻자, 주인이 껄껄 웃으며 대답했어요.

"걱정 마세요. 이 나무껍질이라는 게 참 신기한 재주가 있거든요. 날이 더워지면 바짝 오므라들어서 하늘이 보일 정도가 되고, 오늘처럼 비가 내리면 팽창해서 틈을 다 메워 버리지요. 그러니 빗물이 들어올 수 없어요."

설명을 듣고 난 나그네는 그제야 안심이 된다는 듯 따라 웃었어요.

굴피집은 나무껍질을 지붕으로 얹은 집이에요. 비가 오면 비가 샐 것처럼 생겼지요. 그런데 나무에는 본래 수분을 금방 흡수하고 내뿜는 성질이 있어서, 비가 오는 날이면 금방 습기를 머금고 몸을 불려서 틈새를 메워요. 반대로 해가 쨍쨍 내리쬐는 날에는 나무가 바짝 말라서 지붕 틈새로 햇빛이 들어와요. 덕분에 집 안 곳곳까지 햇빛이 비치지요.

그러나 제아무리 튼튼한 나무라도 젖고 마르기를 반복하다 보면 썩기 마련이에요. 굴피집의 수명은 5년 정도인데, 틈틈이 썩은 나무껍질을 새것으로 갈아 끼우는 작업을 해 주어야 해요.

열을 전달하여 집을 데우는 장치
온돌

"아이고, 추워라."

향이는 콧물을 훌쩍이며 고개를 넘었어요. 오일장에 나가 계란을 팔고 돌아오는 길이었지요. 겨울바람이 어찌나 매서운지 코와 귀가 떨어져 나갈 것 같았어요. 고개를 넘자 저 멀리 집이 보였어요. 집 앞에는 엄마가 사립문 밖에 서서 향이가 오길 기다리고 있었지요.

"어머니, 왜 나와 계세요? 날도 추운데."

엄마가 꽁꽁 언 향이의 손을 잡아끌었어요.

"얼른 들어가자. 방에 불 때 놨다."

향이는 아랫목에 깔아 놓은 두툼한 이불 속으로 쏙 들어갔어요. 바닥에서 올라오는 뜨끈한 열 덕분에 꽁꽁 얼었던 몸이 사르르 풀렸답니다.

온돌은 우리나라의 독특한 난방법이에요. 열이 지나가는 통로인 고래, 고래 위에 깔려서 방바닥을 이루는 구들장, 불을 피우는 아궁이, 연기가 빠져나가는 굴뚝으로 이루어져 있지요. 아궁이에 불을 지피면 열이 고래를 지나면서 구들장을 뜨뜻하게 데우고, 굴뚝을 통해 밖으로 나가요.

온돌로 집을 덥힐 때는 열의 전도*와 복사*, 대류* 현상이 동시에 일어나요. 아궁이에서 데워진 뜨거운 기체는 고래를 통해 구들장에 가 닿아요. 이때 전도가 일어나면서 열기가 구들장에 전해지지요. 다음으로 구들장에서는 복사 현상이 일어나요. 복사에 의해 구들장과 가까운 방 안 아래쪽 공기가 데워지지요. 마지막으로 방 안의 덥혀진 공기가 위아래로 이동하면서 방 전체의 공기를 덥히는 대류 현상이 일어나요. 열의 전도와 복사, 대류에 의해 집 안 전체가 따뜻해지지요.

숯과 자갈로 불순물을 걸러 내는 시설

우물

"꽤갱꽤갱 꽹깨개괭!"

온 마을에 꽹과리 소리가 울려 퍼졌어요. 마을 사람들은 하나둘 우물로 모여들었지요.

"오늘은 우물 청소하는 날이오! 깨끗하게 싹싹 치웁시다."

마을에서는 일 년에 한 번씩 우물 청소를 했어요. 이 행사를 '우물치기'라고 불렀지요.

먼저 대여섯 명의 사람들이 두레박으로 우물물을 퍼냈어요. 우물 바닥이 보이자 마을에서 가장 힘센 바우가 밧줄을 타고 우물 아래로 내려갔지요. 바우는 우물 바닥에 물이 들어오는 물길을 나뭇가지로 막고, 남은 물을 마저 퍼냈어요. 우물 안에 쌓인 낙엽과 우물 벽에 붙은 이끼도 깨끗하게 걷어 냈어요. 그다음 우물 밑에 깔아 놓은 자갈과 숯을 두레박에 담아 밖으로 내보냈지요. 자갈과 숯을 걷어 낸 자리에는 새 숯을 깔았답니다.

"숯을 깔았으니 그 위에 자갈을 깔아야지."

우물 밖에서는 사람들이 자갈을 씻어 우물 아래로 내려보냈어요. 바우는 그것들을 받아 다시 숯 위에 촘촘하게 깔았어요.

"다 됐다!"

바우는 나뭇가지로 막아 놨던 물길을 뚫었어요. '퐁! 퐁!' 소리를 내며 우물 안에 물이 고이기 시작했어요. 바우는 밧줄을 타고 밖으로 나왔지요.

"수고했네. 이제 일 년은 깨끗한 물을 마시며 건강하게 지내겠어."

"우물 청소를 잘하면 아들 생긴다는데, 내년엔 바우댁 아들 낳겠어."

마을 사람들의 말에 바우와 바우 부인의 얼굴이 발갛게 물들었답니다.

우물 바닥에 깔린 숯과 자갈은 물을 깨끗하게 거르는 일을 해요. 나무를 구워 만든 숯에는 작은 구멍들이 송송 뚫려 있는데, 이 구멍에 먼지나 불순물이 달라붙어서 물을 맑게 하지요. 자갈은 물에 섞여 있는 작은 불순물들이 떠오르는 걸 막는 역할을 해요.

물을 거르는 우물의 원리는 오늘날 정수기에서도 찾아볼 수 있어요. 정수기 안에 물을 거르는 필터에도 숯이 많이 쓰이지요. 또한 하수 처리장에서도 숯과 자갈을 쓰고 있답니다.

열의 전달을 막아 얼음을 보관하는 창고
석빙고

조선 시대의 일이에요. 추운 겨울이 오자 한강물도 꽁꽁 얼어붙었어요. 나라에서는 한강의 얼음을 캐서 석빙고에 보관하라는 명령을 내렸지요.

"아휴, 추워. 얼음 캐는 일 좀 안 하면 좋겠어."

"별 수 있나? 여름에 쓰려면 지금 저장해 두어야지. 때를 놓치면 구하고 싶어도 구할 수 없다고."

얼음을 캐러 나선 사람들은 온몸을 꽁꽁 싸매고 강가로 나왔어요. 매서운 겨울바람이 몰아치는 강 위에서 작업을 하다 보니 동상에 걸리거나 빙판에 넘어져서 다치는 사람이 많았지요. 그렇다고 작업을 그만둘 수는 없는 노릇이었어요.

얼음을 캐려면 먼저 자로 두께를 재야 해요. 두께가 12센티미터 이상 얼었다 싶으면, 톱으로 얼음을 일정한 크기로 잘랐지요. 강에서 캐낸 얼음은 우마차를 이용해 석빙고로 옮겨 그 안에 차곡차곡 쌓았답니다.

시간이 흘러 무더운 여름이 찾아왔어요. 나라에서는 석빙고 문을 열고 정3품 이상의 관리들에게 얼음을 나누어 주었어요. 가난한 환자들과 옥에 갇힌 죄수들에게도 얼음을 주었지요.

조선 시대 한양에는 얼음을 보관하는 창고인 석빙고가 두 개 있었어요. 왕실 제사에 쓸 얼음을 보관하는 동빙고와, 음식과 고기를 저장하거나 왕실과 관리들이 먹을 얼음을 보관하는 서빙고가 그것이지요.

석빙고는 절반은 지하에, 절반은 지상에 있는 반지하 구조로 지어요. 공기는 온도가 낮으면 밑으로 가라앉고 높으면 위로 뜨는 성질이 있어서, 이런 구조가 내부 온도를 낮게 유지하면서 더운 공기를 밖으로 빨리 빼낼 수 있는 데 도움이 되지요.

또 밖의 열이 안으로 들어오는 것을 막기 위해 지붕은 무덤처럼 봉긋하게 만들어서 진흙으로 덮고 그 위에 잔디를 심었어요. 석빙고의 벽은 열이 쉽게 전달되지 않는 화강암으로 만들었어요. 그래야 햇빛이 강하게 내리쬐는 한여름에도 내부의 온도가 많이 올라가지 않거든요.

이런 특별한 구조 덕분에 석빙고 내부의 공기는 차갑게 유지될 수 있었고, 한여름까지 얼음을 보관할 수 있었답니다.

피부병을 막고 아름다운 빛깔을 내는 염색법
쪽 염색

해마다 여름이면 윤이네 할머니는 하얀 천에 쪽물을 들여요. 윤이는 할머니가 쪽물을 들일 때마다 옆에서 일손을 거들었어요. 그런데 올해는 혼자 힘으로 쪽 염색을 해 보고 싶었어요.

봄이 되자 윤이는 뒷마당에 쪽씨를 뿌리고 정성껏 키웠어요. 여름이 되어 쪽이 1미터 정도 자랐고, 그 잎을 따다 물이 든 항아리에 담았지요. 그 위에 돌을 올려놓고 3~4일을 기다리자 파란 색소가 항아리 가득 우러났어요.

"우와, 파란 물이 우러났어!"

윤이는 항아리에서 쪽잎을 건져 내고 조개껍데기를 구워 만든 가루를 항아리 안에 부었어요. 가루와 물이 골고루 섞이도록 기다란 작대기로 휘휘 저었지요. 그러자 물이 부글부글 거품을 내며 진한 청색으로 변했어요.

"할머니, 이제 다음엔 뭘 하면 돼요?"

"잿물을 넣고 3개월간 매일같이 30분씩 저어라. 그러다 보면 처음에 한가득이었던 파란 거품이 공만 한 크기로 줄어드는 날이 올게다."

그날부터 윤이는 하루도 빼먹지 않고 쪽물을 저었어요. 시간이 흐르자 정말 할머니 말처럼 거품의 양이 줄어들기 시작했지요.

"이야! 내가 쪽물을 만들었어! 이제 쪽 염색을 해 볼까?"

윤이는 준비해 놓은 하얀 천을 쪽물에 담갔어요. 파란 쪽물에 담긴 하얀 천이 놀랍게도 노랗게 변했지요. 충분히 물들인 천을 항아리 밖으로 끄집어내자 노랗던 천 색깔이 금세 초록으로 변했어요. 쪽물이 곱게 든 천으로 할머니 옷을 지을 생각에 윤이의 가슴은 콩닥콩닥 뛰었어요.

쪽 염색은 쪽이라는 식물을 이용하여 옷감을 푸른색으로 물들이는 과정이에요. 처음 쪽물을 들이면 옅은 옥색이 되는데, 같은 방법으로 계속 물들이면 점점 짙은 쪽빛이 되지요.

쪽물을 들인 옷감은 피부병을 고치는 데에 효과가 있어요. 피부병은 피부에 해로운 세균이 들어와서 생기는데, 쪽의 푸른 색소가 이런 세균을 죽이고 독소를 없애는 작용을 하지요. 예부터 우리 조상들은 쪽물을 들인 옷감을 장롱 속에 한 필씩 넣어 두어서, 장마철 옷감에 곰팡이가 생기는 것을 막았답니다.

공기를 가두어서 보온성을 높이는 옷
누비옷

고려 말, 원나라에 간 문익점은 사람들이 입고 있는 무명옷을 유심히 살폈어요.

"무명이란 천은 도톰해서 추운 겨울에 입기 좋겠어."

당시 고려는 무명 만드는 기술이 없어서 비싼 값을 치르고 원나라에서 수입해 왔어요. 가난한 백성들은 겨울에도 얇은 삼베옷을 입고 지냈지요.

'우리 백성들이 직접 무명을 만들 수만 있다면 얼마나 좋을까?'

당시 원나라에서는 무명의 원료인 목화씨와 목화 재배법이 다른 나라에 전해지는 것을 법으로 엄격하게 금지하고 있었어요. 원나라에서 무명은 매우 중요한 수출품 가운데 하나였기 때문이에요. 하지만 문익점은 포기하지 않고 몰래 목화씨를 숨겨서 고려로 들여왔지요.

그러나 목화 재배는 생각처럼 쉽지 않았어요. 재배 방법도 모르고, 물어볼 곳도 없던 터라 여러 번의 실패를 겪었지요. 실패를 거듭한 끝에 들여온 열 알 가운데 겨우 한 알을 재배하는 데 성공했고 마침내 목화솜을 얻을 수 있었지요. 하지만 이번엔 목화솜으로 실을 잣는 방법을 알지 못했어요. 그런데 때마침 원나라에서 온 승려와 친분을 쌓게 되었고 그 승려의 도움을 받아 실잣기에 성공했지요. 그 결과 조선 초에는 목화가 전국으로 퍼져 많은 백성들이 무명옷을 입을 수 있게 되었어요.

똑같이 무명천으로 지은 옷이라 해도 바느질을 어떻게 하느냐에 따라 훨씬 따뜻한 옷을 지을 수 있어요. 바로 '누빔'을 이용하는 것이지요.

누빔이란 옷감과 옷감 사이에 솜을 넣고 한 땀 한 땀 이어 가로세로 줄이 지게 촘촘히 바느질하는 방법이에요. 이렇게 만들어진 옷을 가리켜 누비옷이라고 하지요.

도톰한 무명천으로 된 안감과 겉감 사이에 포실한 솜을 넣어 누비옷을 지으면 그 사이에 공기층이 생겨서 보온성이 뛰어나요. 북극곰이 추운 북극에서 살 수 있는 것도 곰의 두터운 털 사이사이에 공기를 품고 있기 때문이지요.

또한 옷감 사이에 솜을 그대로 넣어 옷을 지으면 솜이 한쪽으로 뭉쳐 버려서 군데군데 옷이 얇아지는데, 누비옷은 바느질로 솜을 고정시키기 때문에 옷이 골고루 따뜻하답니다.

옷을 깨끗하게 빨아 주는 염기성 용액
잿물

"아이쿠!"

닭장에서 달걀을 들고 오던 한구는 넘어지면서 그만 달걀 두 알을 놓치고 말았어요. 한구의 옷은 계란 범벅이 되어 버렸지요. 그 모습을 본 엄마가 이마를 짚으며 말했어요.

"아이고, 이를 어째. 깨끗한 옷 입혀 놨더니 하루 만에 옷을 버렸네."

엄마는 서둘러 부엌으로 가서 콩깍지를 태워 재를 만들었어요. 그리고는 시루 바닥에 짚을 깔고 그 위에 재를 놓은 다음 뜨거운 물을 부었지요. 그러자 시루 밑으로 잿물이 떨어졌어요. 처음에 흘러내리는 물은 '첫물'이라고 해서 빨래를 삶는 데 주로 사용했어요. 나중에 흘러내리는 맑은 물은 '훗물'이라고 해서 주로 애벌빨래(우선 대강 해 두는 빨래)에 사용했지요.

엄마는 한구가 버린 옷을 맑은 훗물에 담갔다가 방망이로 두드렸어요. 그런 다음 첫물에 빨래를 삶아 다시 두드려 빨았지요.

"엄마, 잿물에 빨면 때가 빠져요?"

"그럼, 싹 빠지지. 잿물은 옷에 묻은 기름때를 싹 빼 주고 흰옷을 더욱 희게 만들어 준단다."

엄마는 잿물에 빨아 깨끗해진 한구의 옷을 볕이 좋은 곳에 널었어요. 빨래가 마르면서 색이 바래자 옷은 더욱 희고 깨끗하게 되었답니다.

잿물은 짚이나 풀 같은 식물의 재에서 우려낸 물이에요. 재에는 탄산칼륨이라는 성분이 들어 있는데, 염기성*을 띠어요. 염기성 용액은 동물성 기름이나 단백질에 붙으면 그것들을 녹이는 성질이 있어서, 옷의 때와 얼룩을 녹이지요. 따라서 잿물은 면이나 마 소재의 옷을 세탁하는 천연 세제로 쓰였어요.

조선 말에는 외국에서 가성 소다가 들어왔어요. 가성 소다는 잿물보다 세탁 효과가 뛰어났어요. 사람들은 서양에서 들어온 잿물이라는 뜻으로 '양잿물'이라고 불렀지요. 양잿물은 비누가 탄생하기 전까지 가정에서 세탁용 세제로 많이 쓰였어요.

오늘날에는 잿물이나 양잿물 대신 가루 세제나 액체 세제로 세탁을 해요. 세제에는 염기성을 띠는 수산화나트륨이 들어 있어서 기름기를 잘 빼 주지요.

두드려서 옷의 구김을 펴는 일
다듬이질

과거 시험을 보러 집을 떠난 장손이는 칠흑 같은 어둠 속에서 발걸음을 재촉했어요. 길을 서두르다가 그만 산속에서 밤을 보내게 된 거예요.

"산에서 잠을 잘 수는 없고. 어디 잠시 쉬어 갈 곳 없을까?"

장손이는 걱정스럽게 중얼거리며 주위를 둘러보았어요. 사방이 깜깜하고 빛 하나 보이지 않았지요. 그때 저 멀리서 희미한 소리가 들려왔어요.

"또드락 또드락, 또드락 또드락!"

소리를 들은 장손이의 얼굴이 환해졌어요.

"다듬이질 소리다!"

그것은 바로 다듬잇돌 위에 옷감을 올려놓고 다듬잇방망이로 두드리는 소리였어요. 소리가 들릴 만한 가까운 곳에 집이 있다는 뜻이었지요. 장손이는 소리를 따라 길을 걸었어요. 얼마 후 흐릿한 불빛이 새어 나오는 작은 초가집을 발견했지요.

"계십니까? 죄송하지만 하룻밤 쉬어 갈 수 있을까요? 걷다 보니 시간이 늦어서 잘 곳을 못 구했습니다."

장손이의 소리를 듣고 나온 집주인 부부는 흔쾌히 장손이를 위해 작은 방을 내주었어요. 덕분에 장손이는 하룻밤을 무사히 보낼 수 있었지요.

옛날 우리 조상들은 빨래를 하고 나면 옷감을 펴기 위해 다듬이질을 했어요. 깨끗하게 세탁한 옷에 골고루 풀을 먹여 말린 다음, 그것을 다듬잇돌 위에 올려놓고 두드리면 빨래할 때 줄어들고 구겨졌던 천이 본래의 상태로 돌아오지요. 또한 다듬이로 옷을 두드리면 풀기가 천에 골고루 배어들어서 옷감이 매끄러워지고 광택이 살아나요.

다듬이질해야 할 옷들은 주로 겹옷(거죽과 안을 맞붙여 지은 옷)이나 솜옷 같은 두꺼운 옷들이에요. 따라서 날씨가 추워지는 늦가을과 겨울철에 밤늦게까지 다듬이질을 하는 건 우리의 독특한 풍속으로 전해져요. 방망이 두 개로 장단에 맞추어 옷감을 두드리는 다듬이질 소리가 마치 악기를 연주하는 것처럼 들리지요.

오늘날에는 한복을 입는 일이 줄어들고 전기다리미로 간단히 옷을 다릴 수 있게 되면서 다듬이질을 하는 모습을 찾아보기 어려워졌어요.

발수성 있는 식물로 만든 비옷
도롱이

어느 여름날, 하늘에서는 부슬부슬 가랑비가 내렸어요.

"여보, 오늘은 밭에 나가 봐야겠소. 마침 시원하게 비가 내리니 밭일하기 아주 좋겠군."

호미를 챙겨 나가려는 남편을 아내가 서둘러 불러 세웠어요.

"여보, 잠깐 기다리세요. 하루 종일 비 맞고 일하다 감기라도 걸리면 어쩌려고요. 그러지 말고 도롱이라도 쓰고 가세요."

아내는 창고로 가서 삿갓과 도롱이를 챙겨 왔어요. 삿갓은 남편의 머리에 씌워 주고, 도롱이는 목에 둘러 주며 신신당부를 했지요.

"여보, 조금이라도 몸이 추워지면 곧장 집으로 오세요. 괜히 무리하지 마시고요. 점심엔 따끈한 국수 말아 드릴게요."

아내의 배려가 고맙기는 하지만 남편은 왠지 거추장스럽게 느껴졌어요.

"밭일 나가는데 꼭 이렇게 하고 가야 되나?"

"가랑비에 옷 젖는 줄 모른다잖아요. 고집 피우지 마시고 입고 가세요."

자신을 걱정해 주는 아내의 따뜻한 마음을 생각하자, 남편은 하루 종일 빗속에서 일하면서도 조금도 춥지 않았어요.

옛날 사람들은 비가 오는 날, 일을 나가거나 외출할 때 전통 비옷인 도롱이를 입었어요.

도롱이는 긴 띠풀이나 갈풀, 볏짚 등을 엮어 만드는데, 이런 소재들은 발수성이 뛰어나요. 발수성이란 물체의 겉에 물이 스며들지 않는 성질이에요. 따라서 비가 올 때 도롱이를 입으면 빗물이 안으로 스미지 않고 흘러내려서 옷이 젖지 않지요.

도롱이를 만들 때 겉으로 나오는 풀은 다듬지 않고 그대로 두어 빗물이 줄기를 타고 아래로 흘러내리도록 했어요. 반면 안쪽은 매끈하게 다듬어서 몸에 닿아도 쓸리지 않도록 했지요. 게다가 도롱이는 비 오는 날 추위를 막아 주는 효과도 있답니다.

오늘날에는 바람이 잘 통하고 방수 기능까지 갖춘 직물인 고어텍스나 코팅 나일론으로 비옷을 만들어요. 이러한 직물들은 물이 잘 스미지 않을 뿐만 아니라 공기도 잘 통해서 땀이 잘 마르지요.

압력을 낮추어서 눈 속에 빠지지 않는 덧신
설피

"어머님을 꼭 뵈어야 하는데. 이 눈길을 헤치고 어떻게 간담."

김 생원은 난감한 표정을 지었어요. 내일이 어머니의 생신이라 아침 일찍 어머니 댁에 가려고 했는데, 밤새 쏟아진 눈 때문에 발이 묶였지요. 김 생원의 부인이 눈을 모아 가마솥에 끓이며 말했어요.

"걱정 마요, 방법이 있으니. 당신은 앞마당에서 노간주나무 가지 좀 꺾어 오세요."

김 생원은 높이 쌓인 눈을 겨우겨우 헤치고 나가 노간주나무 가지를 꺾어 왔어요. 부인은 나뭇가지의 껍질을 벗긴 다음 가마솥에 삶아 냈지요.

"이제 이 나뭇가지로 참외 모양의 둥근 틀을 만드세요. 발 크기보다 크게 만드셔야 해요."

김 생원이 둥근 틀을 만들어서 건네자 부인은 그 틀에 새끼줄을 칭칭 감아 그물처럼 촘촘하게 엮었어요.

"여보, 이건 '설피'라는 거예요. 제 고향에서는 눈이 많이 내리는 겨울이면 이렇게 설피를 만들어 신었어요."

김 생원은 짚신 신은 발을 설피에 끈으로 꽁꽁 묶고서 눈길을 걸어 보았어요.

"부인, 이 설피란 놈 참 신통하오. 아깐 발이 푹푹 빠져서 걷기가 힘들었는데 지금은 깊이 빠지지 않는구려."

김 생원과 부인은 나란히 설피를 신고 어머니 댁으로 향했답니다.

설피는 눈이 많은 고장의 사람들이 신 바닥에 덧대어 신었던 신발이에요. 설피를 덧대 신으면 바닥에 닿는 면적이 넓어지기 때문에 신발이 바닥면을 누르는 압력*이 낮아져요. 똑같은 힘을 가하더라도 힘을 받는 면적이 넓으면 압력이 낮아지고, 면적이 좁으면 압력이 높아지는 원리를 이용한 거지요. 따라서 신발만 신고 눈밭에 섰을 때보다 설피를 덧대 신고 섰을 때 발이 눈 속에 덜 빠져요.

눈이 많이 내리는 북아메리카와 유럽에서도 눈길을 걷기 위해 특수한 신발을 만들어 신었어요. 이런 신발을 가리켜 '스노슈즈'라고 하는데, 그 원리는 설피와 같아요.

2장
도구와 무기 속의 전통 과학

- 눌비비와 활비비 ● 물챙이 ● 거름 ● 도리깨 ● 체 ● 키 ● 물레방아
- 매통 ● 소 썰매 ● 지게 ● 테왁 ● 물레 ● 천연 접착제 ● 옻 ● 먹
- 등잔 ● 죽부인과 대자리 ● 봉수대 ● 염초 ● 신기전
- 각궁 ● 거북선 ● 거중기 ● 제기차기
- 팽이치기 ● 널뛰기 ● 방패연 ● 그네뛰기

마찰열로 불을 피우는 도구
눌비비와 활비비

"엄마, 물고기 잡아 왔어요!"

곰이는 작대기에 물고기 세 마리를 꿰어 들고 움집으로 후다닥 뛰어들어 왔어요. 곰이 몸에서는 물이 뚝뚝 떨어졌지요.

"에취, 강에 들어갔다 나왔더니 추워요."

"조금만 기다려. 엄마가 불 피워 줄게."

곰이는 물고기를 내려놓고 구석에 있던 눌비비를 꺼냈어요.

"오늘은 제가 피워 볼래요!"

곰이는 눌비비의 가로 막대를 돌려서 양쪽 줄이 엇갈리도록 감은 다음 가로 막대를 오르락내리락 움직였어요. 가로 막대가 위아래로 움직일 때마다 세로 막대가 빙글빙글 돌아가면서 막대 끝에 연기가 피어올랐어요. 곰이는 입으로 후후 바람을 불어 불씨를 키웠지요. 마침내 불 피우기에 성공한 곰이는 화덕에 불을 담아 생선을 구웠어요. 고소한 냄새를 풍기며 익어 가는 생선 옆에서 젖은 몸을 말렸답니다.

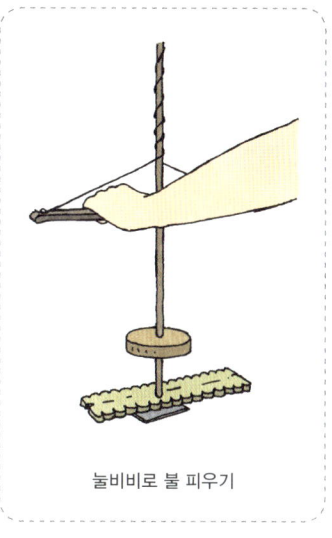

눌비비로 불 피우기

눌비비는 마찰열*로 불을 피우는 도구예요. 물체와 물체가 서로 맞닿아 마찰이 생기면 힘과 열이 발생해요. 두 물체가 부딪치는 속도가 빠를수록 마찰열은 더욱 강해져서 마침내 불이 피어오르지요.

눌비비와 같은 원리로 불을 피우는 도구로는 활비비도 있어요. 눌비비가 가로 막대를 오르락내리락 움직여서 세로 막대를 회전시킨다면, 활비비는 활 모양의 긴 막대를 앞뒤로 움직임으로써 세로 막대를 회전시켜요. 이때 세로 막대 끝에서 마찰열이 발생하고 이로 인해 불꽃을 피울 수 있지요.

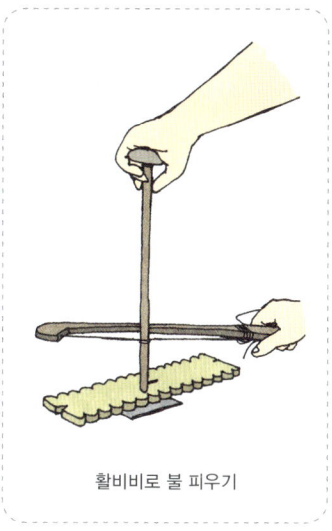

활비비로 불 피우기

65

물의 오물을 거르는 장치

물챙이

장수와 동우는 죽마고우(어려서부터 같이 자란 친구)예요. 장수는 윗마을에 살고, 동우는 아랫마을에 살았지요. 하루는 장수가 동우가 사는 아랫마을에 놀러 왔어요. 장수는 동우네 집 앞에 흐르는 지저분한 개울을 보고 눈살을 찌푸렸지요.

"쯧쯧, 물이 맑지가 않네. 떠다니는 것들도 많고. 우리 윗마을의 개울은 참 깨끗한데."

잠자코 듣고 있던 동우가 발끈했어요.

"우리 개울물이 왜 지저분한지 생각해 봐. 윗마을에서 버리는 별의별 것들이 개울물 타고 다 떠내려오는데, 어떻게 물이 깨끗할 수 있겠니?"

"네 말을 듣고 보니 정말 그렇구나. 아랫마을 개울물을 깨끗이 할 방법이 없을까?"

"물챙이야! 내가 지난번에 이웃 마을에 갔다가 물챙이라는 걸 봤어."

장수가 눈을 둥그렇게 뜨며 말했어요.

"물챙이? 올챙이는 아는데 물챙이는 뭐야?"

"물챙이는 개울 바닥에 나무 기둥을 박아서 만드는 건데, 이걸 윗마을과 아랫마을 사이에 가로질러 놓는 거야. 그러면 윗마을에서 떠내려오는 쓰레기들이 다 이 물챙이에 걸리는 거지."

"이야, 그거 참 좋은데?"

장수와 동우는 곧바로 윗마을, 아랫마을 사람들을 모아 함께 물챙이를 만들었어요. 개울 바닥에 기둥으로 삼을 튼튼한 나무를 듬성듬성 박고, 나무 줄기들을 엮어 만든 발을 기둥 사이에 설치했지요. 물챙이를 세운 다음부터는 아랫마을에도 윗마을처럼 깨끗한 개울물이 흘렀답니다.

물챙이는 물에 흐르는 오물을 걸러 내는 거름 장치예요. 물챙이를 강이나 개울에 설치해 놓으면 물과 함께 떠내려오는 각종 오물들이 모두 걸러져서 하천이 오염되는 것을 막을 수 있지요.

오늘날에는 집집마다 싱크대 하수구에 오물 거름망이 있어요. 오물 거름망은 설거지를 할 때나 식재료를 씻을 때 음식물 쓰레기가 나오면 바로 하수구로 흘러가지 않도록 하지요. 물챙이처럼 쓰레기는 거르고 물만 통과시켜서 하천이 오염되는 것을 줄인답니다.

땅을 기름지게 하는 천연 비료

거름

"아, 똥 마려!"

다급한 듯 안절부절못하는 홍주에게 병우가 말했어요.

"우리 집 뒷간에다 눠."

"아니, 이 귀한 똥을 밖에서 눌 수 없지. 금방 집에 갔다 올게!"

홍주는 얼른 집으로 달려가 소리쳤어요.

"엄마, 나 똥 누고 싶은데 꾹 참고 집까지 달려왔어요!"

홍주는 뒷간으로 가 시원하게 일을 보고 그 위에 재를 덮고 나왔어요. 그러다 문득 재미있는 생각이 떠올랐지요.

"엄마, 어차피 거름 만들어서 밭에 뿌릴 거니까 처음부터 밭에다가 똥을 누면 안 돼요?"

"그럼 안 되지. 금방 눈 똥은 바로 거름으로 쓸 수 없거든."

때마침 밭일 나갔던 아빠가 마당으로 들어서며 말을 보탰어요.

"갓 눈 똥을 바로 밭에 뿌리면 작물이 균에 감염될 수 있단다."

홍주는 급한 볼일도, 궁금한 것도 모두 해결되자 마음이 후련해졌어요. 그제야 금방 다녀오겠다고 하고 혼자 남겨 둔 병우 생각이 났지요.

"참! 병우가 기다리고 있는데……."

홍주는 급히 병우가 기다리는 등나무 밑으로 달음박질했어요.

옛날에는 뒷간에 똥과 오줌을 따로 모았다가 밭에 거름으로 뿌렸어요. 더럽고 냄새나는 똥이지만 발효* 과정을 거치면 식물이 자라는 데 매우 유용한 거름이 되지요.

사실 똥에는 이로운 세균뿐만 아니라 해로운 세균도 많이 들어 있어요. 그런데 똥이 분해되는 과정을 거치면서 해로운 병원균과 기생충들은 모두 파괴되고, 식물과 토양에 이로운 세균들만 남게 된답니다.

또한 발효 과정을 거친 거름은 염기성*을 띠기 때문에 집중 호우로 인해 산성화된 흙을 중화*시키는 데 도움이 돼요. 산성*이 강한 토양에 염기성을 띠는 거름을 뿌려 주면 중화 반응이 일어나서 식물이 자라는 데 알맞은 토양 상태가 되지요.

운동 방향을 바꾸어 곡식을 떠는 기구
도리깨

동구는 다 자란 콩 줄기를 쓱쓱 잘라서 마당에 널었어요.

"오늘은 콩을 떨어야지!"

동구는 장대를 높이 쳐들었다가 아래로 힘껏 내리쳤어요. 그러자 장대 끝에 달려 있는 도리깻열이 사정없이 콩 줄기를 두드리면서 콩깍지에 붙어 있던 콩들이 와르르 쏟아졌지요.

"동구야, 같이하자."

때마침 밭일을 마치고 돌아온 엄마도 나섰어요. 엄마는 광에서 도리깨를 하나 더 꺼내 와서 동구 맞은편에 섰지요. 그러고는 동구가 도리깨를 내리치는 속도에 맞추어서 번갈아 가며 도리깨질을 했어요. 둘이서 박자를 맞추어 가며 도리깨질을 하니 노래가 절로 나왔지요.

"도리깨로 두들겨 콩대 매질하세!"

"돌고, 돌고, 도는구나, 에헤!"

둘은 신 나게 노래를 부르며 도리깨 내려치기를 반복했어요. 그 힘에 의해 낟알들이 깍지 밖으로 톡톡 튀어나왔어요. 콩들이 쌓이면서 마당이 황금빛으로 변해 갔지요.

도리깨는 보리나 콩 같은 곡식의 껍질을 두드려서 알곡을 떨어내는 농기구예요. 기다란 장대의 끝을 잘 다듬어서 구멍을 뚫은 다음, 비녀못을 구멍에 박아요. 비녀못 끝에는 곧고 가느다란 나뭇가지 2~3개로 만든 도리깻열을 달지요.

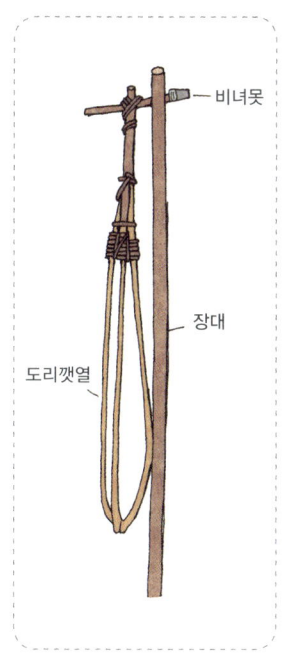

도리깨는 아래위로 움직이는 왕복 운동을 회전 운동으로 바꾸는 방법으로 곡식을 떨어요. 이때 비녀못이 왕복 운동을 회전 운동으로 바꾸는 역할을 하지요. 장대를 있는 힘껏 아래로 내리치면 장대 끝에 달린 비녀못이 회전하면서 비녀못에 달린 도리깻열이 도는데, 회전하는 도리깻열이 곡식의 줄기를 두드리면서 낟알이 곡식 줄기에서 떨어지는 거예요.

특히 도리깨는 땅에 넓게 펴져 있는 곡식을 떨 때 편리하답니다.

알갱이 크기 차이를 이용한 거름 장치

체

연이는 밭에서 수확한 콩을 보니 뿌듯해졌어요.

"엄마, 올해는 콩이 잘 여물었어요. 알이 크고 통통해요."

"그래, 우리 연이만큼 예쁘고 동글동글한 콩들이 참 많다. 내년에 씨로 쓸 좋은 콩들은 미리 골라 놓는 게 좋겠다."

엄마가 함지 위에 쳇다리를 걸치고 그 위에 어레미를 올려놓았어요. 어레미는 콩이나 팥을 골라낼 때 쓰는 체인데, 다른 체보다 구멍이 커요.

"어레미로 콩을 거르면 알이 크고 좋은 것들은 그대로 남고, 쪼개졌거나 찌그러진 작은 콩들은 구멍 밑으로 빠진단다."

연이는 엄마가 콩 골라내는 것을 유심히 살폈어요. 엄마 말씀대로 잘 여문 콩들만 쏙쏙 골라지는 것이 정말 신기했지요.

그때 연이가 실수로 엄마가 애써 골라 둔 콩들을 밀가루가 담긴 항아리 속에 빠트리고 말았어요. 그 바람에 콩과 밀가루가 한데 섞여 버렸지요.

갑작스런 상황에 연이는 깜짝 놀라 어쩔 줄을 몰랐어요. 엄마는 놀란 연이를 다독이며 연이에게 가루체를 찾아 오라 일렀지요. 가루체는 어레미보다 구멍이 훨씬 작은 체예요. 구멍이 워낙 작아서 알갱이가 작은 가루만 통과할 수 있지요. 엄마는 가루체에 콩과 뒤섞인 밀가루를 부었어요. 그러자 밀가루는 밑으로 쏟아지고 콩만 체 위에 남았지요.

"콩과 밀가루는 크기가 서로 다르지 않니? 그러니까 콩을 고를 때와 마찬가지로 체를 사용하면 쉽게 걸러 낼 수 있단다."

그제야 연이는 마음이 놓였어요. 손으로 일일이 밀가루 속에서 콩들을 골라내야 하나 걱정하고 있던 터였거든요.

체는 알갱이의 크기가 다른 두 물질이 한데 섞여 있을 때 쉽게 분리해 낼 수 있는 도구예요. 두 가지 이상의 물질이 섞여 있는 혼합물을 체로 거르면 체의 눈보다 알갱이가 큰 물질은 체 위에 남고, 체의 눈보다 알갱이가 작은 물질은 밑으로 빠져 버리지요.

우리 조상들은 구멍의 크기가 다른 체를 여러 개 만들어 필요에 따라 골라 썼어요. 콩과 팥처럼 알이 큰 곡식을 고를 때는 어레미를 쓰고, 참깨나 들깨처럼 작은 곡식을 고를 때는 중거리, 가루를 거를 때는 가루체, 술 같은 액체를 내릴 때는 풀체를 썼지요.

무게 차이로 쭉정이를 골라내는 기구

키

"부쳐라, 부쳐라, 부쳐라. 방이 훨훨 날게."

아빠는 키에 쌀을 담아 키질을 시작했어요. 흥얼거리는 노랫소리에 맞추어 키를 위아래로 움직이자, 키 안에서는 쌀 알갱이들이 춤을 추었어요. 쌀알이 하늘로 올라갔다 키 안으로 떨어질 때, 쌀보다 가벼운 검불(마른 나뭇가지나 풀)이나 티끌은 바람을 타고 멀리 키 밖으로 날아갔지요. 옆에서 키질을 지켜보고 있던 우돌이가 말했어요.

"아빠, 키 앞쪽에 모인 건 쭉정이(속에 열매가 맺히지 않은 곡식)지요?"

"그렇지. 키질을 하면 가벼운 건 앞쪽에, 무거운 건 안쪽에 모인단다."

엄마가 키질을 끝낸 쌀가마니를 보며 흐뭇하게 말했어요.

"여보, 올해 농사가 잘돼서 정말 다행이에요. 내년부턴 우리 우돌이도 서당에 갈 수 있겠어요."

"정말이요?"

엄마의 말에 우돌이는 눈을 반짝였답니다.

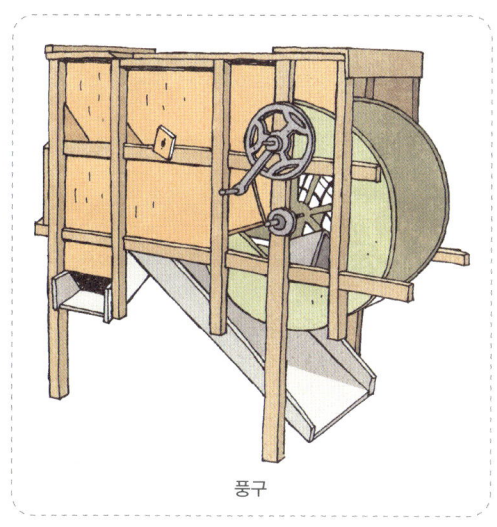

풍구

벼나 보리를 거둬 낟알을 떨어낸 뒤에는 풍구라는 농기구를 이용하여 검불이나 티끌을 골라내요. 풍구는 둥근 통 안에 여러 개의 날개가 달려 있어서, 이 날개로 바람을 일으켜 곡식의 겉껍질이나 검불을 날려 보내지요. 풍구에서 걸러지지 않는 아주 작은 쭉정이와 검불은 키로 골라내요.

키는 키버들이나 쪼갠 대나무를 엮어서 만드는데, 앞쪽은 편평하고 안쪽은 좁고 우그러진듯하게 생겼어요.

곡식을 키에 담아 위아래로 쳐 대면 가벼운 검불이나 티끌이 공기 중으로 날아가요. 그다음 키를 앞뒤로 흔들어 주면 무거운 곡식 알갱이는 키의 안쪽에, 그보다 가벼운 티끌은 앞쪽에 모이지요. 이렇듯 키는 바람의 힘과 무게의 차이를 이용하여 쭉정이와 검불을 골라내는 기구랍니다.

물의 위치 에너지로 곡식을 빻는 기구

물레방아

"쌀을 곱게 빻아서 흰 가래떡 만들어 먹어야지."

분이는 쌀이 담긴 함지를 들고 물레방앗간으로 갔어요. 물이 콸콸 흐르는 냇가에 위치한 물레방앗간에는 마을 사람들이 공동으로 쓰는 커다란 물레방아가 있었지요.

"콩콩, 쌀을 콩콩. 떡 만들자, 콩콩."

분이는 콧노래를 흥얼대며 돌확에 쌀을 넣었어요. 물레방아가 돌자 그 힘으로 방아공이가 오르락내리락했지요. 분이는 쌀이 골고루 갈리도록 틈틈이 돌확에 손을 넣어 저었어요.

"쌀을 콩콩, 밀을 콩콩, 콩을 콩콩, 고추를 콩콩, 깨를 콩콩……."

어느새 곱고 하얀 쌀가루가 만들어졌지요.

"마을 사람들과 돈을 모아 물레방앗간을 세우길 잘했어. 물레방아가 없었으면 집에서 엄마랑 허리가 끊어지도록 방아를 찧어야 했을 텐데."

분이는 함지에 곱게 빻은 쌀가루를 담아 기분 좋게 집으로 돌아왔답니다.

물레방아는 물이 떨어질 때 발생하는 힘으로 방아를 찧는 기구예요. 물이 위에서 아래로 떨어질 때 발생하는 위치 에너지*가 방아를 움직이게 하는 운동 에너지*로 바뀌면서 그 힘으로 곡식을 빻지요.

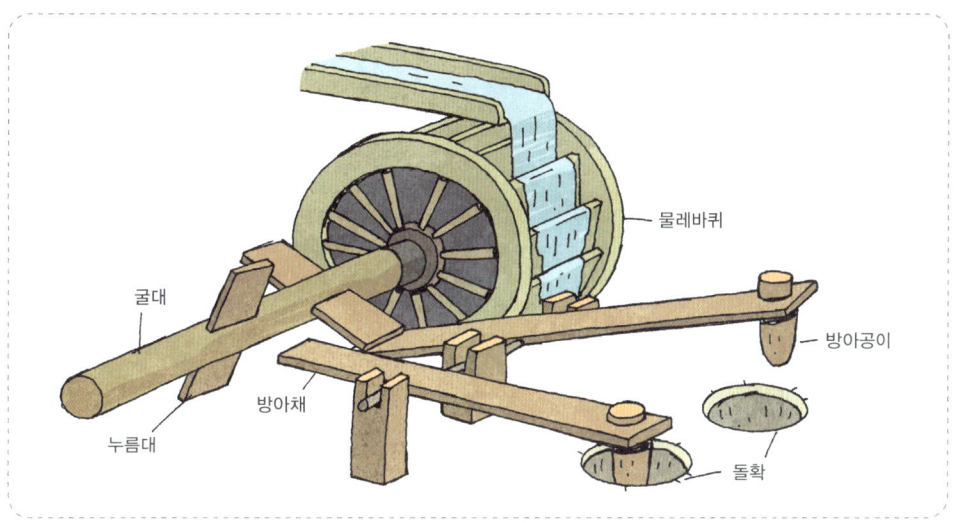

그림처럼 물이 아래로 떨어지면 그 힘으로 물레바퀴가 돌면서 굴대도 함께 돌아요. 이때 굴대에 붙어 있는 누름대가 방아채를 누르는데, 그때마다 방아공이가 오르락내리락하지요. 방아공이가 올라갔다 내려치는 힘으로 돌확에 담긴 곡식이 곱게 빻아지는 거예요.

마찰력으로 껍질을 벗기는 기구
매통

장쇠는 논에서 거두어 온 벼를 마당에 쌓아 놓고 흐뭇하게 바라보았어요.

"이번 농사는 풍년이라 양이 상당하구나."

그런데 동생 막쇠는 쌓여 있는 벼를 보고 한숨 쉬기 바빴지요.

"벼가 많으니까 할 일도 많잖아. 이걸 언제 다 벗겨?"

장쇠는 빙그레 웃으며 막쇠의 어깨를 두드렸어요.

"부지런히 하면 금방 끝낼 수 있어. 매통 찾으러 가자."

형제는 창고에서 매통 위짝과 아래짝을 하나씩 들고 나왔어요. 막쇠가 매통 아래짝을 마당 한가운데에 내려놓자 장쇠가 그 위에 매통 위짝을 올려놓았지요.

"이제 시작해 볼까?"

장쇠가 매통 위짝 가운데에 있는 구멍에 벼를 흘려 넣었어요. 그러자 막쇠는 매통 위짝에 붙어 있는 손잡이를 붙들고 좌우로 돌렸지요.

"왼쪽으로 돌리자, 빙빙. 오른쪽으로 돌리자 빙빙."

절로 나오는 콧노래에 막쇠의 기분도 금세 좋아졌어요.

"형, 우리 이거 빨리 끝내고 냇가나 한번 갈까?"

"그거 좋지."

시원한 냇물에 발 담글 생각에 매통을 돌리는 속도가 더욱 빨라졌답니다.

매통은 벼 껍질을 벗기는 도구예요. 100년 이상 자란 통나무를 톱으로 자른 다음 위짝과 아래짝으로 만들어서 써요. 매통 위짝 한가운데에는 지름 5센티미터 정도의 구멍이 나 있어요. 이 구멍으로 벼를 넣으면, 구멍을 타고 내려간 벼가 위짝과 아래짝이 만나는 곳에 도착해요. 그때 위짝에 붙어 있는 손잡이를 잡고 좌우로 빙빙 돌리면 매통 위짝과 아래짝이 맞닿는 곳에 마찰력*이 생기면서 벼 껍질이 벗겨지지요.

오늘날에는 벼 껍질을 벗길 때 매통 대신 정미기를 이용해요. 정미기는 고무 롤러 두 개가 맞닿아 돌면서 생기는 마찰력을 이용하여 벼 껍질을 벗기지요. 매통의 위짝과 아래짝이 만나 마찰력을 일으키는 것과 같은 원리예요. 매통에 쓰였던 원리가 오늘날 정미기에서도 응용되고 있는 거지요.

마찰력을 줄여 큰 짐을 옮기는 기구

소 썰매

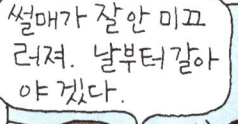 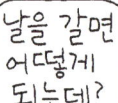 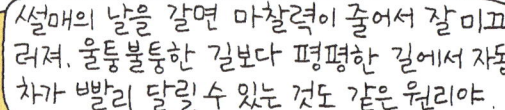

눈이 내린 날이었어요. 외출 나갔던 장쇠가 어두운 얼굴로 돌아왔어요.

"여보, 집에 오는 길에 아우를 만났는데……. 글쎄, 아우네 집에 쌀이 떨어졌다지 뭐요. 이 노릇을 어쩌면 좋겠소?"

장쇠의 부인이 화들짝 놀라 대답했어요.

"아이고, 어쩌면 좋아요. 얼른 쌀 한 가마니 가져다주고 와요."

"역시 당신 마음씨 고운 건 알아줘야 해."

장쇠는 낭장 곳간에서 쌀을 꺼내 와 지게에 실었어요. 그 모습을 지켜보던 부인이 장쇠를 말렸지요.

"눈이 이렇게 왔는데 지게에 지고 가려고요? 그러지 말고 썰매로 다녀와요. 가는 김에 김치 몇 포기랑 고구마도 가져다주고요."

"그럴까? 쌀을 보면 아우가 무척 기뻐하겠지?"

장쇠는 싱글벙글 웃으며 외양간에 있는 소를 끌고 나왔어요. 소 뒤에 썰매를 달고, 썰매 위에 쌀이며 김치며 고구마를 실었지요. 배를 곯고 있을 아우네 식구들을 생각하니 발걸음이 절로 빨라졌답니다.

겨울철 눈이 많이 오는 지방에서는 무거운 짐을 나르기 위해 특별한 썰매를 만들어 썼어요. 2미터 정도 되는 나무 두 개를 칼날처럼 둥근 모양으로 깎고, 그 사이사이에 나무대를 고정시켜서 만들지요. 이렇게 만든 썰매는 소에게 끌도록 했는데, 이것을 소 썰매라고 해요. 소 썰매를 이용하면 한 번에 200~300킬로그램의 짐을 실어 옮길 수 있지요.

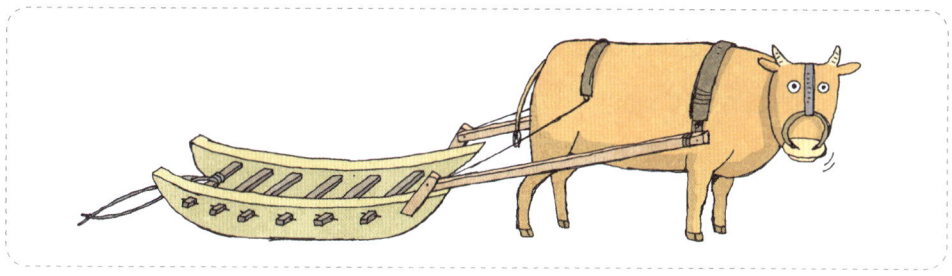

썰매로 무거운 짐을 쉽게 옮길 수 있는 건 마찰력*을 줄이는 방법을 썼기 때문이에요. 마찰력은 물체의 표면과 바닥이 거칠고, 바닥에 닿는 표면이 넓을수록 커져요. 썰매 날을 길고 매끈하게 만들고, 그것을 하얀 눈밭이나 얼음 위에 놓고 밀면 잘 미끄러져요. 따라서 무거운 짐도 쉽게 옮길 수 있답니다.

무게 중심을 이용하여 짐을 지는 기구

지게

"텅텅텅!"

칠성이는 열심히 도끼질을 했어요. 추운 겨울 동안 어머니를 따뜻한 집안에 모시려면 부지런히 땔감을 모아 두어야 했어요. 칠성이는 쉬지 않고 도끼질을 해서 지게 가득 땔감을 쌓았어요.

"오늘은 이만하고 돌아갈까?"

칠성이는 지게를 등에 지고 일어섰어요. 땔감을 어찌나 많이 쌓았는지,

칠성이의 키보다도 땔감의 높이가 훨씬 높았지요. 칠성이는 휘파람을 불며 즐겁게 산을 내려왔어요. 그때 이웃집 할머니가 지게 가득 땔감을 지고 걸어가는 칠성이를 보고 말했어요.

"아휴, 그 많은 나무를 다 지고 온 거야? 힘이 장사네, 장사야. 쌀 한 가마니는 그냥 번쩍번쩍 들어 올리겠어."

"이번에 지게를 제 몸에 맞춰서 새로 만들었더니 무거운 짐도 거뜬히 질 수 있게 됐어요."

칠성이는 제 지게를 탁탁 두드리며 빙그레 웃었어요. 그러고는 집에서 기다리고 있을 어머니를 생각하며 발길을 재촉했답니다.

지게는 예부터 무거운 짐을 옮길 때 사용해 오던 들것이에요.

A자 모양의 지게와 기다란 지겟작대기로 이루어져 있는데, 지게를 세울 때는 작대기를 지게 가운데에 받쳐서 세워요. 이때 지게의 두 다리와 지겟작대기가 삼각 구조를 이루고, 지겟작대기가 무게 중심* 역할을 하기 때문에 안정적인 상태로 세울 수 있지요.

사람이 짐을 싣고 지게를 지면 무게 중심이 짐을 받치는 등판으로 이동해요. 따라서 무거운 짐을 지고도 균형을 잃지 않고 수월하게 이동할 수 있어요.

우리 조상들은 가장 편안하고 효율적인 방법으로 짐을 나르기 위해 제 키의 3분의 2 정도 되는 크기의 지게를 만들어 썼어요. 자기 몸에 맞는 지게를 사용하여 짐을 옮기면 같은 무게의 짐을 양손으로 드는 것보다 44퍼센트의 에너지를 절약할 수 있지요.

부력을 이용한 물질 도구
테왁

선이는 제주도의 해녀예요. 어릴 때부터 물질(바다에서 해산물을 따는 일)을 배워서 이제는 소라나 전복, 멍게, 해삼, 미역 같은 해산물을 척척 딸 수 있지요.

"선이야, 테왁이랑 망사리 챙겨라!"

아침 일찍 옆집 해주가 골목이 떠나가라 소리쳤어요. 해주의 목소리를 들은 선이는 서둘러 바다 나갈 준비를 했어요.

테왁은 해녀들이 물질을 할 때 부표(물 위에 띄워서 표지로 삼는 물건)로 삼았어요. 물질하는 사이사이 숨을 쉬기 위해 물 위로 올라올 때면 테왁을 끌어안고 있어야 물 아래로 가라앉지 않지요. 망사리는 해녀들이 잡은 해산물들을 담는 그물자루인데, 테왁 밑에 걸어 두어요. 그래야 물질하는 동안 잡은 해산물들을 싱싱하게 보관할 수 있거든요.

"해주야, 오늘 누가 더 많이 따나 시합하자."

"선이 넌 아직 멀었어. 내가 이길걸."

옥신각신하는 사이 둘은 어느새 바다에 도착했어요. 선이와 해주는 적당한 장소를 골라 테왁과 망사리를 던져두고는, 깊은 바다 밑으로 잠수해 들어갔지요. 선이는 바위틈에 붙어 있는 소라와 멍게를 쉼 없이 땄어요. 숨이 차오르기 시작하면 바다 위로 올라와 테왁에 몸을 기대 숨을 고르면서 따 온 해산물들을 망사리에 담았지요. 언뜻 해주의 망사리를 넘겨다보니 선이보다 훨씬 많은 해산물이 담겨 있었어요. 마음이 급해진 선이는 다시 깊은 바닷속으로 잠수해 들어갔어요. 오늘은 꼭 해주보다 많이 따겠다고 다짐하면서 말이에요.

테왁은 박에 작은 구멍을 뚫어서 그 사이로 속을 파내서 만들어요. 속을 파낸 박은 부피*는 그대로지만 무게가 가벼워지기 때문에 부력*이 커져요. 부력은 물체의 무게가 가볍고 물과 닿는 면이 넓을수록 커지거든요.

해녀들은 테왁을 여러 용도로 사용해요. 잡은 해산물을 담아 두는 망사리가 물속으로 가라앉지 않도록 걸어 두는 데 쓰기도 하고, 테왁에 몸을 기대서 헤엄치기도 하지요. 또한 바다 밑바닥까지 내려갔다가 올라와서 숨이 가쁠 때는 테왁을 붙잡고 숨을 고르기도 한답니다.

빠르게 실을 잣는 기구
물레

"아이고, 어깨야. 온종일 앉아 있었더니 어깨가 뻐근하네."

할머니는 어깨를 두드리며 자세를 고쳐 앉았어요. 엄마가 안타까운 눈빛으로 할머니의 어깨를 주무르며 말했지요.

"어머니는 이제 좀 쉬세요. 나머진 정아랑 제가 할게요."

"됐다. 같이하면 금방 끝날 것을……."

며칠 동안 정아네 식구들은 방 안에 둘러앉아 물레질을 했어요. 물레질이란 물레를 돌려 누에고치에서 가늘고 긴 실을 뽑아내는 일이지요.

몇날 며칠 계속되는 물레질이 힘들고 고단했지만, 정아는 힘든 기색 없이 부지런히 물레를 돌렸어요. 할머니와 엄마를 조금이라도 돕고 싶었거든요. 할머니와 엄마가 지루해하지 않도록 물레를 돌리는 중간중간에 노래도 흥얼댔어요.

"돌돌 돌아라. 물레야 돌아라."

고사리 같은 손으로 할머니를 돕겠다고 나선 정아를 보니 할머니와 엄마는 흐뭇했답니다.

나비의 애벌레인 누에는 스스로 실을 토해 내어서 집을 만들어요. 이 집을 누에고치라고 하는데, 누에고치에서 뽑은 실이 명주실이고, 그것으로 만든 옷감이 비단이에요. 이때 실을 뽑아내는 도구인 물레가 필요하지요.

물론 물레가 없어도 고치에서 실을 뽑아낼 수 있어요. 고치에서 뽑아낸 실 끝을 젓가락처럼 긴 꼬챙이에 감고 빙글빙글 돌리면 고치에서 실을 뽑아낼 수 있지요. 그런데 이렇게 실을 뽑아내면 실이 여러 번 꼬이지 않기 때문에 질겨지지도 않고, 꼬챙이를 끊임없이 돌려야 하기 때문에 힘도 많이 들어요.

물레를 이용하면 물레바퀴가 한 번 돌 동안 물렛가락이 100번 이상 돌기 때문에 손으로 직접 꼬는 것보다 훨씬 빨라요. 원래 고치에서 나오는 실들은 가늘고 짧은데, 물레가 돌아가면서 실을 돌돌 말기도 하고 꼬기도 하면서 점차 실이 질기고 길어지지요. 물레를 이용하면 꼬인 실을 가락에 감는 일도 훨씬 빠르게 할 수 있답니다.

유독 성분이 없는 전통 풀
천연 접착제

고려 말, 명나라에서 보낸 서신 한 통이 고려 조정에 도착했어요.

"고려가 차지하고 있는 쌍성총관부는 본래 원나라의 땅이었으니, 이를 다시 명나라에 돌려주시오."

당시 고려는 원나라에 쌍성총관부를 강제로 빼앗겼다가 되찾아 온 후였어요. 원나라가 혼란한 틈을 타 중국에는 명나라가 세워졌고, 이들은 그 땅을 다시 빼앗으려는 속셈이었지요. 이 문제를 두고 조정에서는 논쟁이 일었어요. 명나라 말을 따라야 한다는 입장과 명나라와 싸워 이겨야 한다는 입장이 대립했지요. 마침내 고려 왕은 이성계에게 명나라와 싸울 것을 명했어요.

명나라와 전쟁을 치르기 위해 요동으로 향하는 이성계의 마음은 무겁기만 했어요. 이성계는 전쟁에 반대하는 입장이었기 때문이에요. 고민 끝에 이성계는 전쟁을 포기하고 왕이 있는 개경으로 말 머리를 돌렸어요. 그러고는 고려 왕에게 전쟁을 할 수 없는 이유를 네 가지로 설명했지요.

"첫째, 고려와 같은 작은 나라가 큰 나라인 명나라의 명령을 거역한다는 것은 있을 수 없는 일입니다. 둘째, 지금은 여름으로 농가에서 일손이 한창 바쁜 때입니다. 셋째, 우리가 명나라와 전쟁을 치르는 동안 그 틈을 노려 왜구들이 남쪽을 공격할 것입니다. 넷째, 지금은 장마철이므로 활에 먹인 어교가 풀리고 병사들이 역병에 걸릴 우려가 있습니다."

그러나 왕은 이성계의 말을 들어주지 않았어요. 그러자 이성계는 왕을 몰아내고 새로운 나라 조선을 세워 왕이 되었지요.

선조들은 자연에서 얻은 물질로 풀을 만들어 사용했어요. 이야기에 등장하는 활에 먹인 '어교'도 민어의 부레를 끓여서 만든 천연 접착제이지요. 이 외에도 소가죽에서 얻은 젤라틴으로 만드는 아교, 해초를 끓여 만드는 해초풀, 밀가루나 밥을 끓여서 만드는 녹말풀 등 여러 천연 접착제들이 있어요. 이런 천연 접착제는 유독 성분이 전혀 없지요.

오늘날에는 천연 접착제 대신 화학 물질을 합성해서 만든 접착제를 주로 써요. 합성 접착제는 사용이 간편하고 접착력이 강하지만 인체에 해로운 독성 물질들이 들어 있어요. 그래서 갓 지은 새집에서 지내다 보면 각종 알레르기 질환이나 아토피 같은 새집증후군이 생길 수 있어요.

나무가 썩는 것을 막는 천연 칠감
옻

옻칠장이는 오늘 무척 기분이 좋았어요. 산에서 좋은 옻나무 진을 구했거든요. 옻칠장이는 뿌듯한 마음으로 집으로 돌아왔어요. 집 안마당에는 가구장이 친구가 기다리고 있었지요.

"여보게, 김 대감 댁에 갈 장롱 옻칠 좀 부탁하네."

"좋아. 마침 좋은 옻나무 진을 구했거든."

"김 대감이 까다롭기로 소문난 사람인 거 잘 알고 있지? 신경 써서 잘해

주어야 하네."

"에이, 이 친구가 내 솜씨 몰라서 그런 말을 하는가? 걱정 말게."

옻칠장이는 우선 옻나무 진을 천에 걸러 불순물을 없앴어요. 그런 다음 옻나무 진에 소나무 기름을 섞어 다시 한 번 천에 걸러 냈지요. 이제 장롱에 옻칠할 준비가 다 되었어요.

"옻칠을 하면 벌레도 안 먹지, 튼튼하지, 습기에도 끄떡없지!"

옻칠장이는 흥얼거리며 옻칠을 시작했답니다.

옻은 옻나무에서 얻은 천연 칠감(칠을 하는 데에 쓰는 재료)이에요. 나무로 만든 가구뿐만 아니라 금속으로 만든 기계에도 옻칠을 하면 표면이 반들반들 윤이 나고 오랫동안 썩지 않아요. 옻의 주성분인 옻산이 산과 알칼리에 강하고 열에도 잘 견디기 때문이에요. 또한 옻산은 곰팡이나 벌레를 막아 주는 효과도 있지요.

옻의 활약은 고려 때 만든 팔만대장경판에서도 확인할 수 있어요. 경판은 부처의 힘을 빌려 외적을 막기 위해 나무로 만들었는데, 700여 년의 긴 세월이 흐른 지금도 그 형태를 유지하고 있지요. 팔만대장경판이 큰 훼손 없이 지금까지 존재할 수 있었던 데에는 여러 가지 이유가 있지만, 옻칠도 한몫을 단단히 했어요.

오늘날에는 예전만큼 옻칠한 물건이 흔하지 않아요. 옻이 워낙 비싼 데다가, 옻칠을 대신할 값싼 화학 칠감들이 많이 나왔기 때문이에요. 페인트나 에나멜, 니스 등이 그것들이지요. 그러나 이런 화학 칠감은 금속과 만났을 때 산화(산소와 결합하는 현상)가 일어나서 겉에 새긴 그림이나 글씨가 쉽게 떨어져 나가요. 게다가 화학 칠감을 생산할 때 자원이 많이 들고, 공해 물질이 발생한답니다.

그을음과 아교를 섞어 만든 물감
먹

어느 날 신사임당은 잔칫집에 초대를 받아 가게 되었어요. 그런데 음식을 나르던 하녀가 실수로 한 부인의 치마에 국물을 엎지르고 말았지요. 부인은 깜짝 놀라 눈물을 글썽였어요.

"이를 어째. 빌려 입고 온 비단 치마인데……."

집안이 넉넉하지 못했던 부인은 잔칫집에 입고 올 마땅한 옷이 없어서 비단 치마를 빌려 입고 온 것이었어요. 빌린 옷을 망쳐 놓았으니 걱정이 이만

저만이 아니었지요. 이를 지켜보던 신사임당이 부인을 불러 말했어요.

"부인, 그 치마를 벗어 내게 주세요."

신사임당의 말에 부인은 어리둥절했지만, 일단 신사임당의 말에 따르기로 했어요. 신사임당은 붓에 먹을 듬뿍 찍어서 치마 얼룩 위에 그림을 그리기 시작했어요. 붓이 지난 자리에는 탐스러운 포도와 풍성한 잎사귀가 피어났지요. 모여든 부인들은 저마다 신사임당의 그림 솜씨에 감탄했어요.

"부인, 이 치마를 가져다가 시장에 팔고 그 돈으로 새 비단 치마를 사도록 하세요."

신사임당의 포도 그림이 그려진 비단 치마는 시장에서 비싼 값에 팔렸어요. 부인은 그 돈으로 망친 치마 값도 물어 주고, 어여쁜 비단 치마를 새로 사 입을 수 있었답니다.

우리 조상들은 그림을 그리거나 글씨를 쓸 때 먹을 사용했어요. 먹을 만들 때 가장 중요한 재료는 순수한 그을음이에요. 그을음이란 물질을 태울 때 연기에 섞여 나오는 검은 가루인데, 먹을 만들 때는 소나무나 배추, 무 따위를 태운 그을음을 써요. 이것을 아교와 섞어 잘 반죽한 다음 틀에 넣고 말리면 먹이 완성되지요.

요즘에는 전통 방식으로 만든 먹 대신 화학 약품을 혼합해 만든 먹을 쓰고 있어요. 그을음 대신 탄소 화학 제품인 '카본'을 넣고, 아교 대신 '젤라틴'을 섞어 만들지요. 전통 먹보다 만들기는 편하지만, 전통 먹이 지닌 깊은 향과 은은한 아름다움은 따라가지 못한답니다.

모세관 현상으로 불을 밝히는 그릇

등잔

장에 갔던 할머니가 한 손 가득 소고기를 사 들고 돌아왔어요.
"아는 친구한테 싸게 얻었다. 오랜만에 고깃국 좀 먹자꾸나."
고기를 받아 든 엄마의 입가에 미소가 번졌어요.
"푹 고아서 식구들 영양 보충 좀 해야겠어요."
할머니와 엄마의 대화를 듣고 있던 장손이의 얼굴도 환해졌지요.
"고깃국이 그렇게 좋으냐?"

할머니의 말에 장손이가 배시시 웃으며 대답했어요.

"고깃국 먹게 된 것도 좋지만, 기름이 생긴 게 더 좋아요. 고깃국에서 나온 기름으로 등잔불 붙여서 책 읽으려고요."

엄마는 마음이 급해졌어요. 고깃국 끓이랴 저녁 반찬 준비하랴 바삐 움직이면서도 가족들에게 고깃국도 먹이고 장손이 공부도 시킬 생각에 힘든 줄을 몰랐답니다.

"장손아, 엄마가 고깃국 기름 싹싹 건져 줄 테니 기다리렴."

"엄마가 기름 건져 주면 굳히는 건 할미가 하마."

장손이는 글공부를 더욱 열심히 해야겠다고 다짐했답니다.

1890년경 우리나라에 전깃불이 들어오기 전까지, 사람들은 등잔을 사용했어요. 등잔은 기름을 담아 불을 켜는 데 쓰는 그릇으로, 한지나 솜, 실 등으로 심지를 만들어 기름이 배어들게 하여 불을 붙여요. 석유가 들어오기 전까지 참기름, 콩기름 등의 식물성 기름과 고깃국을 끓일 때 나오는 동물성 기름 등을 연료로 사용했지요.

심지에 기름이 배어드는 건 모세관 현상 덕분이에요. 모세관 현상이란 아주 좁은 구멍을 가진 관 속으로 액체가 빨려 올라가는 현상이에요. 모세관 현상은 물 분자와 모세관 벽 사이에 작용하는 끌어당기는 힘 때문에 발생해요. 이 끌어당기는 힘은 모세관의 굵기가 가늘수록 강해서, 구멍이 큰 관보다 구멍이 작은 관이 더 높이 빨려 올라가지요.

등잔의 심지로 쓰이는 한지나 솜, 실 등에도 우리 눈에는 보이지 않지만 작은 관이 있어요. 따라서 등잔의 기름이 심지의 작은 관을 타고 올라가서, 그 끝에 불을 붙였을 때 활활 타오를 수 있는 거예요.

열이 잘 전도되는 여름 용품
죽부인과 대자리

무더운 여름밤이었어요. 이 생원은 쉽게 잠을 이루지 못했지요.

"덥다, 더워. 너무 더워서 잠도 안 오네."

이 생원은 문이며 창이며 모두 활짝 열어젖혔어요. 그런데도 땀이 식지 않았고, 온몸이 끈적거려 찝찝했지요. 이 생원은 참다못해 벌떡 일어나 밖으로 나갔어요. 대청마루에 누우면 좀 나을 것 같았지요. 그런데 이번에는 모기들이 날아와 이 생원을 괴롭히기 시작했어요.

"아이고, 안 되겠다. 들어가서 대자리 깔고 죽부인 안고 자야지."

방 안으로 돌아온 이 생원은 벽장 속에 둘둘 말아 두었던 대자리와 죽부인을 꺼냈어요.

"여름밤에는 이불보다 대자리, 부인보다 죽부인이지!"

대자리를 깔고 누워 죽부인을 다리 사이에 척 끼우자 달아올랐던 몸이 시원해지는 것 같았어요. 그제야 달아났던 잠이 돌아오기 시작했지요.

"아, 좋다. 하암."

그날 밤 이 생원은 깊은 잠을 이룰 수 있었답니다.

옛날 우리 조상들은 무더운 여름밤이면 대나무를 엮어 만든 대자리를 깔고 잤어요. 살에 대나무가 닿으면 시원한 기운이 느껴지거든요. 또 땀을 흘려도 몸에 달라붙지 않아요.

무더위를 가셔 주는 물건으로는 죽부인도 있어요. 대나무를 길고 둥그렇게 엮어 만든 죽부인은 길이가 사람의 키만 해서 끌어안고 자기에 좋아요. 또한 공기가 잘 통하고 대나무 특유의 차가운 기운이 있어서 안고 자면 온몸이 시원해지지요.

대자리에 눕거나 죽부인을 끌어안았을 때 금세 시원해지는 이유는 대나무가 열이 잘 전도*되는 물질이기 때문이에요. 보통 나무들이 열전도가 잘 일어나지 않는 데 비해 대나무는 열전도가 잘 일어나서, 우리 몸에 있는 열을 순식간에 빼앗아가지요. 따라서 이불을 깔고 누웠을 때보다 대자리 위에 누웠을 때 훨씬 빨리 시원함을 느낄 수 있는 거랍니다.

적이 침입했을 때 소식을 전하는 통신 시설
봉수대

"외적이다. 외적이 쳐들어왔다! 봉수를 올려라!"

봉수군들은 부지런히 움직여 불을 피웠어요. 봉수군은 봉수대를 지키는 병사들이에요. 불을 피워 낮에는 연기로, 밤에는 불빛으로 급한 소식을 알렸지요. 그때 한 봉수군이 어쩔 줄 몰라 하며 발을 굴렀어요.

"아이고, 적이 우리 땅으로 넘어왔는데 봉수를 몇 개 피워야 하지?"

그러자 다른 봉수군이 침착한 목소리로 외쳤어요.

"4개야. 서둘러!"

봉수의 신호 방식은 간단했어요. 평상시에는 1개만 피우고, 적이 나타나면 2개를 피웠어요. 적이 경계에 접근하면 3개를 피웠고, 경계를 넘어오면 4개를 피웠지요. 적군과 우리 군이 싸움을 벌이면 5개를 피웠답니다.

봉수대는 주로 국경 근처 산봉우리에 만드는데, 적이 침입했을 때 가장 빠르게 소식을 전하는 방법이었어요. 국경 지역에서 오후에 봉화를 올리면 해가 질 무렵 서울 남산과 가장 가까운 아차산 봉수대까지 도달했어요. 12시간 정도면 전국 어느 곳의 소식이든 한양에 도달할 수 있었지요.

봉수대는 탁 트인 산봉우리처럼 잘 보이는 곳에 세워졌어요. 아무리 시력이 좋아도 맨눈으로 볼 수 있는 거리는 제한되어 있었기 때문에 최대한 가시거리*를 늘이기 위해서 지대가 높고 주변이 훤히 트인 곳에 봉수대를 세웠지요. 봉수 제도는 전화나 우편 등의 통신이 들어오기 전까지 오랫동안 통신망 역할을 했어요.

오늘날 마이크로웨이브 송수신 시설이 설치된 곳을 살펴보면, 옛날 봉수대 자리였던 곳이 많아요. 마이크로웨이브는 단거리 통신이나 텔레비전 방송, 라디오 방송 등에 쓰이는 전파인데, 이 전파는 가시거리 내에서는 잘 통하지만 그것을 넘는 거리에서는 전파의 힘이 갑자기 약해져요. 따라서 마이크로웨이브 송수신 시설이 설치된 곳은 봉수대 자리와 겹치는 거예요. 이는 곧 우리 조상들이 가시거리를 고려해 봉수대의 위치를 매우 잘 고른 것으로 해석할 수 있답니다.

화약 폭발에 반드시 필요한 재료

염초

고려 말, 왜구들은 시시때때로 고려 땅에 나타나 백성들을 괴롭혔어요. 힘들게 농사지은 곡식들을 빼앗아 가는 것은 물론 고려 백성들을 해치기도 했지요. 이를 지켜보는 최무선의 마음은 답답했어요.

"왜구를 막는 데는 화약만 한 것이 없거늘……. 고려에는 그 제조법을 아는 사람이 없어 안타깝구나."

화약을 만들기 위해서는 염초라는 재료가 반드시 필요했어요. 그러나 고려에는 염초 만드는 법을 아는 사람이 없어서 모두 중국에서 수입해서 썼어요. 중국에서도 염초 제조 기술은 군사 기밀이라서, 다른 나라로 유출되는 것은 엄격하게 막고 있었지요.

그러던 어느 날, 최무선은 우연히 중국 상인 리원을 만났어요. 리원은 염초를 만드는 염초장 출신이었기 때문에 염초 제조법을 잘 알고 있었지요. 최무선은 리원을 잘 대접하여 마침내 염초 제조법을 알아냈어요.

염초 제조에 성공한 최무선은 곧장 나라에 건의하여 화약과 무기를 만드는 임시 관청인 '화통도감'을 세우도록 했어요. 최무선은 완성한 무기들을 가지고 왜구들이 침략한 곳으로 나갔지요.

"화포를 쏘아라!"

화포가 발사되자 왜구들이 타고 온 배에 불이 붙어 훨훨 타올랐어요. 왜구들은 깜짝 놀라 도망치기 바빴지요. 최무선의 집념으로 만든 화약이 빛을 발하는 순간이었어요.

물질이 연소*하기 위해서는 반드시 세 가지 조건이 갖추어져야 해요. 탈 물질, 발화점(타기 시작하는 온도) 이상의 온도, 공기 중의 산소가 그것이지요. 화약 폭발도 물질이 연소되는 것과 같은 현상이기 때문에 세 가지 조건들이 갖추어져야 해요.

화약 폭발에서는 목탄이 탈 물질을, 유황이 발화점 이상의 온도를 맞추는 역할을 해요. 유황은 낮은 온도에서도 불이 잘 붙는 성질이 있어서, 쉽게 불을 붙일 수 있지요. 염초는 그 자체에 산소를 많이 포함하고 있어요. 따라서 염초가 목탄과 유황과 혼합되면 폭발을 일으키지요.

작용과 반작용의 원리를 이용한 조선의 로켓
신기전

조선 초, 압록강과 두만강 근처에는 여진족이 자주 조선 땅을 넘어왔어요. 계속되는 침략에 큰 피해를 입었던 조선은 여진족이 자주 출몰하는 땅에 경비를 강화하기로 했어요.

어느 날, 여진족이 또다시 국경을 넘었다는 소식이 들려왔어요. 국경을 지키는 책임을 맡고 있던 김종서 장군은 병사들에게 긴급히 명령했지요.

"이대로는 안 되겠다. 신기전을 꺼내 와라!"

병사들은 신속하게 신기전을 설치하고 발사 준비를 했어요.

"신기전 발사!"

천둥 같은 장군의 명령이 떨어지자 병사들이 화약에 불을 붙였어요. 화약에 불이 붙자, 분출되는 가스의 힘을 받아 화살이 멀리 날아갔어요. 포물선을 그리며 날아간 화살들은 굉음을 내며 공중에서 폭발했지요.

"콰콰쾅! 쾅! 콰광! 쾅쾅!"

뭉게뭉게 피어나는 연기, 불을 뿜는 화살, 천둥 같은 소리에 여진족은 화들짝 놀랐어요.

"모두 도망쳐라! 귀신불이 쏟아진다!"

여진족들은 서둘러 후퇴했고, 조선은 국경을 지켜 낼 수 있었답니다.

신기전이란 최무선 장군이 만든 화약 무기를 개조한 거예요. 화살 옆에 달린 화약에 불을 붙이면, 화약이 타오르면서 뿜어져 나오는 가스에 의해 화살이 스스로 날아갔지요. 한번 발사되면 무시무시한 굉음을 내며 날아가 적진을 잿더미로 만들었어요. 신기전은 '귀신같은 기계 화살'이란 뜻인데, 그 이름에서 신기전을 처음 접한 적들이 얼마나 큰 혼란을 겪었는지를 알 수 있지요.

신기전이 스스로 날아갈 수 있는 건 '어떤 하나의 힘이 작용할 때 그와 반대되는 힘도 동시에 같이 작용한다.'는 '작용과 반작용의 원리*' 덕분이에요. 신기전에서는 화약에서 분출되는 가스가 작용, 분출되는 가스와 반대 방향으로 생기는 힘이 반작용이에요. 이 반작용을 이용하여 화살을 하늘 높이 쏘아 올릴 수 있었답니다.

탄성력이 강한 재료로 만든 활

각궁

고려 말, 왜구들이 고려 땅에 자주 침입하자 우왕은 이성계에게 왜구로부터 고려 땅을 지켜 내라 명했어요.

왕의 명령에 따라 전라도 남원에 도착한 이성계는 왜구의 장군 아지발도와 마주하게 되었어요. 아지발도는 어린 소년이었지만, 창검을 쓰는 기술이 무척 뛰어나서 아무도 그를 당해 내지 못했지요. 이성계는 여러 장수들을 불러 모아 말했어요.

"아지발도라는 자, 나이는 어리지만 실력은 보통이 아니오. 꾀를 써서라도 그 자를 반드시 없애야 하오."

이튿날, 고려와 왜군의 전투가 다시 시작되었어요. 이성계는 활을 잘 쏘는 병사 네 명을 시켜 아지발도에게 화살을 쏘라고 명했어요. 아지발도는 날아오는 화살을 창으로 막고 피하느라 정신이 없었지요. 그 틈을 타 고려의 장수가 몰래 아지발도가 서 있는 곳 근처로 숨어들어서, 화살로 아지발도의 투구를 날려 버렸어요. 투구를 잃고 당황해하는 아지발도에게 이성계는 순식간에 화살을 쏘아 그의 목을 명중시켰지요. 결국 아지발도는 그대로 쓰러져 죽고 말았답니다.

평야가 적고 산이 많은 우리나라 지형에서는 활이 가장 쓰기 적합한 무기였어요. 우리나라에서 많이 쓰인 활은 각궁이지요. 각궁의 재료로는 물소 뿔과 대나무, 소 힘줄, 뽕나무, 참나무 등이 쓰이는데, 각궁은 세계에서 가장 탄성력*이 큰 활로 손꼽혀요.

활쏘기에서 탄성력은 매우 중요한 힘이에요. 탄성력이란 용수철이나 고무줄을 늘이거나 잡아당겼다가 놓았을 때 다시 원 상태로 돌아가는 힘을 말해요. 이 힘으로 화살을 멀리 쏠 수 있지요. 손으로 활시위를 길게 잡아당기면 활시위에는 다시 제자리로 돌아가려는 탄성력이 생겨요. 당겼던 활시위를 손에서 놓았을 때 활시위의 탄성력은 정지해 있던 화살을 움직이게 하여 멀리 날려 버리지요.

각궁의 주재료인 대나무와 소 힘줄은 다른 재료들보다도 탄성력이 강해서 화살을 더 멀리 더 강한 힘으로 쏠 수 있답니다.

부력을 키워 물에 띄운 배
거북선

1591년 3월, 무신 나대용이 이순신 장군을 찾아왔어요. 품속에는 10여 년 동안 정성 들여 만든 군함의 설계도가 들어 있었지요.

"왜적이 꼼짝 못할 특별한 군함을 만들어 보겠습니다!"

당시 왜군이 조선을 침략할 준비를 한다는 소문이 돌고 있던 터라, 왜적과 국경이 맞닿은 지역에서는 긴장감이 돌고 있었지요. 전라좌도(전라도 동부 지역)의 수군을 책임지고 있던 이순신은 나대용과 뜻을 모았어요.

1년 후, 드디어 거북선이 완성됐어요. 뱃머리에는 용머리를 달아 그 입으로 불꽃을 내뿜게 하고, 덮개 위에는 뾰족한 칼과 쇠창살을 꽂아 적들이 배 위로 오를 수 없도록 했어요. 용머리와 양 옆, 꼬리에는 대포를 놓아 사방에서 대포를 쏠 수 있게 만들었지요.

　조선에 쳐들어온 왜적들은 거북선을 보고 깜짝 놀랐어요.

　"괴상하게 생긴 배가 다가온다!"

　거북선은 왜적의 배들이 있는 한가운데를 가로질렀어요. 왜군의 배에 가까이 다가가 대포를 펑펑 쏘아 댔지요. 거북선 위로 올라선 왜적들은 쇠창살과 칼에 찔려 옴짝달싹 못했어요. 거북선의 활약으로 이순신 장군이 이끄는 수군은 왜적을 크게 무찌를 수 있었답니다.

　거북선은 130여 명의 병사를 태울 수 있을 만큼 크고 튼튼한 배예요. 이렇게 큰 배가 바다에 가라앉지 않고 안전하게 뜰 수 있는 건 부력*을 적절히 이용한 덕분이지요.

　부력이란 물속에 있는 물체의 표면에 작용하는 힘인데, 그 힘을 이용하면 물체가 물 위로 뜰 수 있어요. 거북선은 부력을 키우기 위해 바닥을 깊고 넓은 U자 모양으로 만들었어요. 물과 닿는 부분의 면적을 넓게 해서 부력을 크게 만든 거지요.

　오늘날의 거대한 유람선이나 무역선들도 이 원리를 이용해 물에 뜰 수 있는 거랍니다.

도르래를 이용하여 돌을 옮기는 기계
거중기

조선의 왕 정조가 실학자 정약용을 불러 말했어요.

"수원으로 아버님(사도세자)의 능을 옮기고 그곳에 도성을 쌓을 것이다. 그대가 그 일을 맡도록 하라."

정조는 양주 배봉산에 있던 아버지의 능을 한양과 가까운 곳으로 옮기고, 그곳에 튼튼한 성곽을 세우고 싶어 했어요.

"이 책은 서양의 기술을 소개한 《기기도설》이다. 이 책을 참고하여 성을 쌓을 때 필요한 기기들을 만들도록 하라."

 그날부터 정약용은 밤낮으로 도성 설계에 몰두했어요. 조선의 옛 성들과 서양 성들의 장점을 고루 갖춘 튼튼한 성을 짓겠다는 마음가짐으로 연구에 연구를 거듭했지요.

 '성을 쌓으려면 큰 돌을 이용해야 하는데, 이것들을 쉽게 들어 올릴 수 있는 기계는 없을까?'

 마침내 정약용은 무거운 돌을 쉽게 옮길 수 있는 기계 '거중기'를 발명해 냈어요. 본래 10년이 걸릴 거라 예상했던 수원 화성의 공사 기간은 거중기의 발명과 여러 노력 덕분에 2년 8개월로 대폭 단축할 수 있었지요.

 거중기는 위에 고정 도르래* 4개와 아래에 움직 도르래* 4개, 좌우 양쪽에 있는 큰 고정 도르래, 그 밑에 물레 2개로 이루어져 있어요.

 거중기에서 고정 도르래는 힘의 방향을 바꾸는 역할을 해요. 드는 힘은 똑같지만 상황에 맞는 쪽으로 힘의 방향을 조절할 수 있지요.

 움직 도르래를 이용하면 힘이 반으로 줄어요. 움직 도르래에서는 두 가닥의 줄에 물체의 무게가 분산되기 때문에 실제 무게보다 적은 힘을 들여서 물건을 들어 올릴 수 있지요.

 고정 도르래로 힘의 방향을 바꾸고, 움직 도르래로 힘을 반으로 줄인 거중기 덕분에 수원 화성을 수월하게 지을 수 있었답니다.

공기 저항력을 이용한 민속놀이

제기차기

감나무집 돌구가 동네 어귀에서 큰 소리로 외쳤어요.
"기덕아, 봉주야, 제기 차러 가자!"
돌구의 외침에 윗집 기덕이와 건넛집 봉주가 한달음에 뛰어나왔어요.
"헛발질하는 사람이 엿 사기."
"그 말 꼭 지켜라!"
셋은 둥글게 서서 제기차기 시합을 했어요.

"어, 어, 어?"

한참 공중에서 뛰어놀던 제기가 봉주 차례일 때 떨어지고 말았어요. 돌구와 기덕이는 봉주를 보며 빙글빙글 웃어 보였지요.

"봉주야, 다음 장날에 호박엿 사라."

"이번엔 찹쌀떡 내기 하자!"

봉주는 지지 않고 내기를 걸어왔어요. 돌구와 기덕이와 봉주는 해가 넘어가는 줄도 모르고 늦게까지 제기차기를 했답니다.

제기차기는 공기 저항력을 이용한 민속놀이예요. 공기 저항력이란 공기 속을 가르며 운동하는 물체가 공기로부터 받는 힘인데, 공기와 닿는 물체의 면적이 넓을수록 커져요. 활짝 펼친 신문지와 공 모양으로 구긴 신문지를 동시에 떨어뜨렸을 때 활짝 펼친 신문지가 더 늦게 떨어지는 것도 공기 저항력의 차이 때문이에요.

제기의 공기 저항력은 제기 머리에 붙은 술(여러 가닥의 실)에 의해 결정돼요. 술이 너무 많으면 공기 저항력이 커져서 높이 차올리기가 힘들기 때문에 제기가 금방 떨어져요. 반대로 술이 너무 적으면 공기 저항력이 작아서 높이 차올릴 수는 있지만, 발에서 너무 멀리 튀어 나가 버려서 다시 받아 차기가 힘들지요. 따라서 제기를 오랫동안 안정적으로 차려면 술의 양을 적절히 조절해야 해요.

회전력을 이용한 민속놀이
팽이치기

"덕구야, 강물이 꽁꽁 얼었다! 팽이 챙겨 나와!"

봉수의 외침에 덕구는 직접 깎아 만든 팽이를 들고 밖으로 뛰어나갔어요. 싸리나무 막대기에 끈을 달아 만든 팽이채도 잊지 않고 챙겼지요. 둘은 곧장 강가로 달려갔어요. 벌써 많은 아이들이 나와 있었지요.

봉수와 덕구도 한 켠에 자리를 잡고 팽이치기를 시작했어요. 그때 심술궂기로 소문난 태봉이가 시비를 걸어왔지요.

"이야, 꼬맹이들. 너희도 팽이치기하러 왔냐?"

태봉이는 괜히 봉수와 덕구를 툭툭 건드리며 귀찮게 했어요.

"팽이 오래 돌리기 시합하자! 내가 이기면 너희들 팽이 다 내 거야."

봉수와 덕구는 살짝 고민이 되었어요. 태봉이는 마을에서 팽이치기를 제일 잘하는 아이였기 때문이에요. 그렇다고 이대로 물러설 수는 없었어요.

"좋아! 대신 우리가 이기면, 다신 우리한테 꼬맹이라고 부르지 않기다!"

덕구와 봉수, 태봉이는 나란히 팽이를 얼음판에 놓고 돌리기 시작했어요. 태봉이만큼이나 커다란 태봉이의 팽이가 위협적으로 돌았고, 그 옆에서 봉수와 덕구의 팽이도 아슬아슬하게 회전을 계속했지요.

"옳지, 잘 돈다. 돌아라, 계속 돌아!"

그때 덕구의 팽이가 회전 속도가 느려지면서 쓰러질 것 같았어요. 덕구는 마음이 달아올랐고, 서둘러 팽이채를 휘둘렀지요.

"살렸다, 살렸어! 팽이가 빨라졌어!"

과연 덕구와 봉수는 태봉이와의 내기에서 이길 수 있을까요?

팽이치기는 회전력을 이용한 민속놀이예요. 팽이채에 달린 끈을 팽이에 감았다가 빠르게 풀어 놓는 방법으로 팽이를 돌리지요.

빙글빙글 돌아가던 팽이는 시간이 흐르면 바닥과의 마찰력* 때문에 회전이 느려져요. 팽이의 회전력이 회전을 방해하는 마찰력보다 약해질 때 팽이는 비로소 회전을 멈추지요. 그런데 팽이의 회전이 느려질 때 재빨리 팽이채를 휘둘러서 팽이의 회전 속도를 키우면 쓰러져 가던 팽이를 다시 일으켜 세울 수 있어요. 팽이가 더 빨리 돌아가게 함으로써 팽이의 회전력을 마찰력보다 더 크게 키우는 거지요.

지레의 원리를 이용한 민속놀이

널뛰기

"옥에 있는 저희 남편 좀 만나게 해 주세요. 어디 다친 데 없는지 잠깐 확인할게요."

석구 엄마는 옥졸에게 빌고 또 빌었어요. 석구 엄마가 하도 간절히 애원하자 옥졸은 마음이 약해졌지요.

"그럼 내일 오후에 한번 와 보시게. 내일 죄수들을 모두 마당으로 내보낸다고 하니, 담장 밖에서 얼굴은 볼 수 있을 걸세."

옥졸의 말에 석구 엄마는 뛸 듯이 기뻤어요. 그런데 금세 낙담하고 말았지요. 담이 너무 높아서 밖에서는 안이 잘 보이지 않았기 때문이에요. 그런데 순간 좋은 생각이 떠올랐어요. 석구 엄마는 빠른 발걸음으로 집으로 돌아갔지요.

다음 날, 석구 엄마는 기다란 널빤지와 멍석을 들고 석구와 함께 관아 앞으로 갔어요. 멍석을 둘둘 말아 널빤지 가운데 괸 다음 석구에게 말했지요.

"석구야, 우리 널뛰기를 하는 거다. 우리가 서로 번갈아 뛰어오르다 보면 담장 안쪽에 있는 아버지 얼굴을 볼 수 있을 거다."

그때부터 석구 엄마와 석구의 널뛰기가 시작되었어요. 쿵덕쿵덕 뛰어오를 때마다 담장 안쪽에 있는 아버지 얼굴이 보였지요.

널뛰기는 널빤지 끝에 두 사람이 올라서서 서로 번갈아가며 발을 굴러 뛰어노는 놀이예요. 이때 널이 어느 정도 수평을 이루어야 재미있는 널뛰기를 할 수 있지요. 그럼 몸무게 차이가 많이 나는 두 사람은 수평을 이루기 힘들텐데 어떻게 해야 할까요?

이때는 지레의 원리*를 이용하면 돼요. 지레를 이용할 때 작용점과 받침점 사이의 거리보다 힘점과 받침점 사이의 거리가 멀면 실제 힘보다 더 큰 힘을 낼 수 있어요. 따라서 몸집이 작은 친구가 밑받침으로부터 멀리 서고, 몸집이 큰 친구가 밑받침으로부터 가까이 서면 널이 수평을 이룬 답니다.

방구멍이 있어 바람에 강한 연

방패연

1592년 4월, 조선 땅에 일본군이 쳐들어와 임진왜란이 일어났어요. 전라좌도의 수군을 이끄는 이순신에게는 고민이 하나 있었어요.

'여기저기 흩어져 있는 군사들에게 명령을 전할 방법이 없을까?'

당시에 연락을 주고받을 수 있는 방법이라고는 직접 사람을 보내거나 봉수에 불을 피워 전하는 것이 전부였어요. 그러나 전쟁이 한창인 때에 육로를 통해 사람을 보내는 것은 너무 위험했고, 봉수로는 단순한 내용밖에 전할 수 없었지요. 그때 이순신 머릿속에 좋은 수가 떠올랐어요.

'연을 날리자!'

이순신 장군은 여러 개의 방패연을 만들어서 명령 체계를 만들었어요. 문양과 색깔이 다른 32가지 연을 만들어서 각각의 명칭과 숨은 뜻을 정리했지요. 그리고 명령을 전달할 때마다 군사들이 잘 볼 수 있도록 방패연을 높이 띄웠어요.

"삼봉산연이 떴다! 모든 군사들은 삼봉산 앞바다로 집결하라!"

이순신 장군이 만든 연의 활약은 대단했어요. 붉은색, 파란색, 노란색, 검정색, 흰색 등 눈에 잘 띄는 색으로 만들었기 때문에 전달 효과가 뛰어났고, 여러 색깔과 문양으로 다양한 의미를 담을 수 있었기 때문에 봉수보다도 훨씬 많은 내용을 전할 수 있었어요. 연의 의미가 무엇인지에 대해서는 극비에 부쳤어요. 혹시나 적군에게 알려지면 큰일이기 때문이에요.

연날리기는 바람의 힘을 이용한 놀이예요. 바람이 부는 날 연을 비스듬하게 띄우면 연줄에 매여 있는 연이 바람을 타고 위로 밀려 올라가요. 바람이 세게 불수록 연을 높이 띄울 수 있지요. 그러나 바람이 너무 강하면 연이 찢어지거나 모양이 뒤틀릴 수 있어요.

우리나라 대표 연인 방패연에는 특별한 장치가 있어서 세찬 바람에도 끄떡없어요. 연 가운데에 지름 8~12센티미터 정도의 바람구멍이 동그랗게 뚫려 있는데, 이것을 '방구멍'이라고 하지요. 방구멍은 구멍 사이로 바람을 내보내서 바람에 대한 저항력을 줄여 주는 역할을 해요. 따라서 방패연은 방구멍 덕분에 바람이 강한 날에도 연이 망가지지 않고 높이 날 수 있지요.

진자 운동을 이용한 민속놀이

그네뛰기

음력 5월 5일 단옷날이 되자, 마을 어귀 큰 버드나무에 그네가 걸렸어요. 곱게 차려입은 마을 아가씨들이 그네 주위로 몰려와 재잘댔지요.

"어때? 단옷날 입으려고 벌써부터 준비해 놨던 옷이야."

노란 저고리에 빨간 치마를 입은 자홍이가 깔깔 웃으며 자랑하자, 옥이도 질세라 남색 치마를 흔들었어요.

"내가 직접 물들인 치마야. 어때?"

단오는 마을 아가씨들이 마음껏 그네를 뛰며 놀 수 있는 날이에요. 이날만큼은 바깥출입이 자유로워서, 아가씨들은 어느 때보다 곱게 단장을 하고 외출했지요.

자홍이가 먼저 그네에 올랐고, 옥이가 뒤에서 힘껏 그네를 밀어 주었어요. 자홍이의 빨간 치마가 바람에 나폴나폴 흔들렸지요. 그 모습을 멀리서 구경하던 도령들이 탄성을 질렀어요.

"이야, 어여쁘다!"

"어느 댁 처자인지, 그네 타는 모습이 마치 한 마리 종달새 같다."

도령들의 이야기 소리는 바람을 타고 자홍이의 귀에까지 들렸어요. 자홍이는 괜스레 부끄러워져서 얼굴이 치마 색깔처럼 발갛게 물들었답니다.

전통 민속놀이인 그네뛰기는 진자 운동을 이용한 놀이예요. 진자란 줄 끝에 추를 매달아 좌우로 왔다 갔다 하도록 만든 물체예요. 진자 운동은 추가 가운데로 갈수록 속도가 빨라지고 양끝으로 올라갈수록 느리게 움직이는 특징이 있어요. 그네뛰기도 진자 운동과 같아서 내려갈 때는 더 빨리 내려가고, 올라갈 때는 천천히 올라가지요.

그네에서 볼 수 있는 진자 운동은 오늘날 놀이공원에 있는 바이킹에서도 발견할 수 있어요. 바이킹을 타면 높이 올라갈 때는 굉장히 느리게 느껴지고, 아래로 내려갈 때에는 속도가 어마어마하게 빠르게 느껴지지요. 그래서 더 무섭고 짜릿한 재미를 느낄 수 있답니다.

3장
문화재 속의 전통 과학

- 고인돌
- 고구려 고분 벽화
- 성덕 대왕 신종
- 석굴암
- 해인사 장경판전
- 포석정
- 고려청자
- 거문고
- 한지
- 직지심체요절
- 훈민정음
- 자산어보
- 동의보감
- 사상 의학

지레의 원리와 빗면의 원리를 이용한 무덤

고인돌

약 4,000년 전 청동기 시대, 호랑이 부족의 족장이 세상을 떠나자 부족민들은 급히 회의를 열었어요.

"족장님에게 어울리는 훌륭한 무덤을 만들어 드리자."

부족민들은 가장 먼저 족장의 무덤에 쓸 커다란 돌을 찾았어요.

"저 바위를 쓰면 되겠다. 적당한 크기로 쪼개자."

부족민들은 바위의 결을 따라 홈을 파서 그 홈에 나무를 박았어요. 그러고는 나무에 물을 붓고 기다렸지요. 며칠 후, 다시 찾은 바위는 파 놓은 홈대로 쪼개져 있었어요. 물에 불어 팽창한 나무 때문에 바위가 쪼개진 거예요. 다음으로 부족민들은 바닥에 통나무 여러 개를 깔아 그 위에 돌을 얹고 통나무를 굴리는 방법으로 조금씩 돌을 옮겼어요.

이제 돌을 세울 차례였어요. 부족민들은 지레를 이용하여 2개의 기둥을 세로로 세웠어요. 지렛대를 이용하면 적은 힘으로도 큰 힘을 낼 수 있지요. 이제 덮개돌을 올릴 차례예요.

"무거운 덮개돌을 어떻게 저 위에 올리지? 저건 통나무를 이용할 수도 없고 지렛대로도 힘든데?"

그때였어요. 한 노인이 웃으며 말했어요.

"기둥을 흙으로 덮어서 둥그렇게 언덕을 만들어라. 그런 다음 언덕을 타고 통나무를 굴려서 덮개돌을 끌어 올리면 된다."

사람들은 노인의 말대로 언덕을 만들고 바닥에 통나무를 굴려 덮개돌을 옮겼어요. 덮개돌을 기둥 위까지 올린 뒤에 부족민들은 쌓았던 흙을 파냈어요. 흙이 모두 걷히자 마침내 위풍당당한 고인돌의 모습이 드러났지요.

크레인이나 기중기 같은 기계가 없던 시대에는 지레의 원리*와 빗면의 원리* 등 그 나름의 과학적 원리를 이용하여 거대한 돌덩이를 옮겼어요. 먼저 기둥으로 쓸 돌을 세울 때는 지레의 원리를 이용했어요. 지레에서 작용점과 받침점 사이의 거리보다 힘점과 받침점 사이의 거리를 멀게 하면 작은 힘을 들이고도 무거운 짐을 들어 올릴 수 있기 때문이에요. 기둥에 덮개돌을 올릴 때는 빗면의 원리를 이용했어요. 기울기가 완만한 언덕을 만들어서 돌을 옮기면 작은 힘을 들여 무거운 짐을 옮길 수 있지요.

고구려인의 공예 기술이 만들어 낸 문화유산
고구려 고분 벽화

고구려 귀족, 기담의 집에서 울음소리가 흘러나왔어요. 기담의 할아버지가 돌아가신 거예요.

"흑흑흑. 할아버지, 다음 세상에도 지금처럼 편안히 사셔야 해요."

기담의 가족들은 할아버지를 위해 무덤을 만들기 시작했어요. 귀족의 무덤답게 큰 방처럼 꾸며졌고, 벽에는 그림도 그려 넣었어요. 할아버지가 다음 세상에서도 풍요롭게 살기를 바라는 마음을 담아 호화로운 잔치 모습도 그렸지요.

"할아버지 무덤에 도둑이 들어오지 못하게 문지기 그림을 그릴래요."

귀족들의 무덤에는 죽은 사람이 생전에 사용하던 물건을 함께 넣기도 했어요. 그중에는 값비싼 물건들도 많아서 무덤에 도둑이 드는 일이 잦았지요. 기담은 무덤에 숨어든 도둑이 문지기 그림을 보고 놀라 도망치도록 무시무시한 그림을 그렸어요. 기담의 바람대로 할아버지는 다음 세상에서도 잘 지내겠지요?

고구려 사람들은 사람이 죽으면 무덤을 만들고, 무덤 벽에는 그림을 그렸어요. 이 그림을 가리켜 고분 벽화라고 해요. 1,000년 넘게 세월이 흐르는 동안 고분 벽화는 어떻게 지금까지 그대로 전해질 수 있었을까요? 비밀은 벽화를 그리는 방법에 숨어 있어요.

고분 벽화를 그리는 방법에는 석회 벽에 그리는 것과 돌에 그리는 것이 있어요. 석회 위에 그리는 그림은 흙벽에 석회를 칠해서 울퉁불퉁한 면을 고르게 한 다음 그려요. 그림을 그리고 그 위에 다시 석회를 바르는데, 그러면 습기나 빗물이 스며도 그림이 상하지 않고 오히려 코팅을 한 것처럼 윤이 나요.

돌 위에 그림을 그리는 방법은 벽을 고를 필요가 없기 때문에 준비 과정이 훨씬 수월해요. 그러나 돌에 물감을 칠하는 일이 매우 어렵지요. 단단하고 빈틈이 없는 돌 사이사이에 물감이 스미도록 하려면 도장을 찍듯이 여러 번 칠해야 해요. 이렇게 큰 돌에 그려진 고분 벽화는 석회 벽에 그린 그림보다 오래가요.

고구려의 고분 벽화는 고구려인의 공예 기술이 만들어 낸 귀중한 문화유산이랍니다.

맥놀이 현상으로 커졌다 작아지는 종소리
성덕 대왕 신종

　신라 시대, 봉덕사의 주지 스님은 이상한 꿈을 꾸었어요. 꿈속에서 부처님이 나타나 단호한 목소리로 말했지요.
　"이번에 새로 만드는 종을 제대로 완성하려면 아기가 필요하다."
　잠에서 깬 주지 스님은 꿈 이야기를 여러 스님들에게 전했어요. 그러자 한 스님이 놀란 표정으로 답했어요.
　"사실 어제 우물을 지나다가 한 아낙네를 만났습니다. 아기를 업고 있었는데, 부처님께 재물을 바치지 않겠냐 했더니 돈이 없다며 이 아기라도 데려가겠냐고 하더라고요. 할 수 없이 발길을 돌렸는데, 말씀하시는 아기가 혹시 그 아기일까요?"

스님들은 의논 끝에 아기를 찾아 종을 만드는 데 바치기로 했어요. 완성된 종을 치자, 아름답고 슬픈 종소리가 온 나라에 울려 퍼졌지요.

"종소리가 참으로 웅장하고 멋지네."

"그런데 저 소리, 마치 아기가 제 엄마를 찾는 울음소리 같지 않아요?"

종에 얽힌 아기의 안타까운 사연을 알게 된 신라 사람들은 종소리를 들으며 눈물을 흘렸답니다.

우리나라 최고의 청동종으로 손꼽히는 성덕 대왕 신종은 종을 쳤을 때 소리가 끊어질 듯 끊어질 듯 계속 이어져요. 그 소리가 마치 아기가 엄마를 부르며 '에밀레' 하고 흐느끼는 소리 같다고 해서 흔히들 '에밀레종'이라고 부르지요.

성덕 대왕 신종의 종소리가 끊어질 듯 끊어질 듯 이어지는 이유는 두 개의 소리가 동시에 울리면서, 이 소리들이 맥놀이 현상을 일으키기 때문이에요. 맥놀이란 두 개 이상의 소리가 서로 합해지거나 흩어지면서 커지고 작아지기를 반복하는 현상이에요.

하나의 종에서 어떻게 두 개의 소리를 낼 수 있냐고요? 성덕 대왕 신종은 언뜻 보기엔 표면이 고른 것처럼 보여요. 그런데 종을 자세히 살펴보면 표면의 문양이나 조각이 조금씩 다르고, 종의 두께도 부위마다 미세하게 다르지요. 이처럼 구조와 두께가 미세하게 다르기 때문에 진동수에 차이가 생기면서 하나의 종에서 다른 소리가 날 수 있는 거예요.

응결 현상이 일어나지 않게 설계된 사원
석굴암

　신라 시대 경주 모량리에 대성이라는 아이가 홀어머니와 함께 살고 있었어요. 어느 날, 대성은 우연히 스님 한 분을 만나게 되었어요. 스님은 대성에게 이런 말을 남겼지요.
　"부처님께 하나를 바치면 만 배를 얻게 될 겁니다."
　이 말을 새겨들은 대성은 열심히 일하여 마련한 논과 밭을 모두 절에 바쳤어요. 그런데 얼마 후 대성은 갑자기 세상을 떠나고 말았지요.

대성이 죽던 날 밤, 신라 재상이었던 김문량의 집에 이상한 일이 벌어졌어요. 하늘에서 신비한 목소리가 울려 퍼졌지요.

"모량리의 대성이를 네 집에 맡길 테니 잘 기르도록 하라!"

그로부터 열 달 후, 김문량의 부인은 사내아이를 낳았어요. 이 아이는 왼손에 '대성'이라는 글자가 새겨진 쇠붙이를 쥐고 태어났지요. 정말로 모량리의 대성이가 김문량의 아들로 다시 태어난 거예요. 김문량은 아들의 이름을 대성이라 하고 모량리의 어머니를 모셔와 편히 살도록 했어요. 훗날 대성은 부모에 대한 효심을 담아 현재의 부모님을 위해 불국사를, 모량리의 어머니를 위해 석굴암을 세웠답니다.

석굴암은 단단한 화강암을 쌓아 올려 만든 사원으로, 한여름에도 내부 공기가 서늘해요. 수증기는 차가운 공기를 만나면 물방울로 맺혀 버리는 응결* 현상이 일어나는데, 이 물방울이 돌 위에 맺히면 화강암은 쉽게 부서져 버려요. 따라서 석굴암에는 응결을 막기 위한 특별한 장치가 필요했어요.

신라인들은 석굴암 밑으로 지하수를 흐르게 하여 벽면의 온도보다 바닥의 온도를 낮게 유지시켰어요. 이렇게 하면 물방울이 온도가 낮은 바닥에 맺히기 때문에 위쪽 공기를 건조하게 유지할 수 있어요. 이뿐만 아니라 천장 덮개돌 위에 굵은 자갈돌을 쌓아 그 사이로 환기를 시켰어요. 그러면 바깥과 내부의 온도 차이가 줄지요.

20세기 초, 일제는 석굴암을 보수한답시고 지하수를 없애고 천장의 환기 구멍을 시멘트로 막아 버렸어요. 이로 인해 석굴암이 크게 훼손되었지요. 이후 많은 학자들이 석굴암을 재현해 보려고 했지만 실패했어요. 지금은 석굴을 유리창으로 막아 놓고 실내 습도를 조절하고 있어요.

대장경을 보관하기 위해 지은 건축물
해인사 장경판전

약 1,000년 전인 1010년, 거란이 고려를 침입했어요. 고려의 왕 현종은 부처의 힘을 빌려 고려를 구하자는 뜻에서 경전(불교 교리를 적은 책)을 만들기로 했어요. 1087년, 드디어 경전이 완성되었고, 신기하게도 거란은 고려 땅에서 물러났지요. 이때 만들어진 경전이 바로 《초조대장경》이에요.

"정말 부처님께서 우리의 뜻을 들어주셨어."

그러나 평화도 잠시, 이번엔 몽골이 고려를 쳐들어왔어요. 안타깝게도 이때 《초조대장경》은 불타 없어졌지요. 부처님이 고려를 지켜 준다고 믿었던 고려인들은 불안에 떨었어요. 어서 다시 경전을 만들어야 한다는 목소리가 높아졌지요.

"부처님의 힘으로 몽골을 물리칠 수 있도록 경전을 만듭시다!"

마침내 새로운 경전을 만들기 위한 작업이 시작되었어요. 16년에 걸쳐 만들어진 이 경전이 바로 《팔만대장경》이에요. 《팔만대장경》은 처음에는 강화도의 선원사에 보관했어요. 그러나 조선 시대에 이르러서는 《팔만대장경》을 강화도보다 더 안전한 곳에 보관해야 한다는 목소리가 높아졌지요.

"강화도는 바다로 둘러싸여 있어 외적이 쳐들어오기 쉽습니다. 대장경을 더 안전한 곳으로 옮겨야 합니다."

"외적들이 쉽게 공격할 수 없는 안전한 장소에 보관해야 해요."

그리하여 《팔만대장경》은 1393년에 경상남도 가야산 깊은 곳에 위치한 해인사로 옮겨졌어요. 《팔만대장경》을 보관하기 위해 새로운 건물을 지었는데, 이것이 바로 해인사 장경판전이에요.

해인사 장경판전은 아주 과학적으로 설계되었어요. 벽 위쪽과 아래쪽에는 각각 크기가 다른 창문을 내 놓았지요. 북쪽 벽은 아래 창이 작고 위 창이 커요. 반대로 맞은편의 남쪽 벽은 아래 창이 크고 위 창이 작지요. 이렇게 하면 실내로 들어온 공기가 위아래로 돌면서 습한 기운을 빨리 내보내고, 건조한 공기는 오래 머무르게 할 수 있어요.

또한 바닥은 숯과 소금, 횟가루를 모래와 찰흙에 잘 섞어서 반죽한 재료로 만들었어요. 이렇게 만들어진 바닥은 장마철에는 습기를 빨아들이고, 건조할 때는 흙 속에 있는 수분을 내보내 습도를 적절히 유지시키지요.

물 위에 술잔을 띄워 놀던 연회 장소
포석정

따뜻한 봄날, 포석정에서는 흥겨운 연회가 열렸어요.

"삐리리, 삐리리."

악사들이 연주하는 흥겨운 음악 소리에 맞추어 무용수들이 나비처럼 나폴나폴 춤을 췄어요. 신라의 화랑들은 포석정 주위에 둘러앉아 유상곡수를 즐겼어요. 유상곡수란 물길을 따라 앉아서 술잔을 돌리며 시를 짓는 놀이예요. 한 화랑이 수로를 따라 흘러오는 술잔을 가리키며 말했어요.

"장군님 앞으로 술잔이 갑니다. 어서 시를 지으시죠."

김 장군은 익살스럽게 운을 뗐어요.

"술잔아 천천히 오너라. 네 덕에 시를 짓느라 살이 쪽쪽 빠지노라."

김 장군의 첫 마디에 모두들 웃음을 터트렸어요. 그렇게 웃느라 혼을 빼고 있는 사이, 어느새 술잔이 김 장군 앞에 흘러와 있었지요.

"이것 참, 시를 완성하기도 전에 벌써 술잔이 도착해 버렸구만."

김 장군은 벌칙으로 석 잔의 술을 비웠어요. 연거푸 술잔을 들이켜자 김 장군의 얼굴이 발갛게 달아올랐지요. 달아오른 김 장군의 얼굴만큼 흥겨운 연회의 열기는 한동안 계속되었답니다.

경주 남산 기슭에 있는 포석정은 신라 귀족들의 연회 장소로 널리 알려졌어요. 그러나 1998년에 남쪽으로 50미터 떨어진 곳에서 제사에 사용된 것으로 보이는 그릇들이 출토됨에 따라 포석정이 연회를 즐기던 곳이 아니라 제사를 지내던 장소였다는 의견도 제기되고 있지요.

포석정은 길이가 22미터인 짧은 수로예요. 길이만 봤을 때는 이런 곳에서 술잔을 띄우고 그 속도에 맞추어 시를 지었다는 것은 사실상 어려워 보여요. 하지만 우리 조상들은 특별한 장치를 이용하여 술잔이 한곳에 머물도록 했어요.

포석정의 수로는 모양이 구불구불하기도 하고 위치에 따라 폭이 넓은 곳도 있고 좁은 곳도 있어요. 이 때문에 수로를 따라 흐르는 물이 물길이 꺾이는 부분에서 잠깐 머물게 돼요. 이런 현상을 가리켜 '회돌이'라고 하지요. 물의 회돌이 현상을 이용하여 술잔을 잠시 멈추게 할 수 있었던 것이랍니다.

은은한 비색을 띠는 자기
고려청자

고려의 무역항 벽란도는 청자를 사러 온 중국 송나라 상인들로 벅적거렸어요.

"청자를 처음 만든 건 중국인데, 고려의 청자는 그것을 뛰어넘어요."

"어쩜 그렇게 아름다운 색을 낼 수 있는지, 비법이 궁금합니다."

고려청자는 큰 인기를 끌며 상인들에게 팔려 나갔어요. 12세기 송나라의 사신이었던 서긍은 고려에 다녀간 후에 《선화봉사고려도경》이라는 책을 썼는데, 여기에서 고려 자기에 대해 이렇게 표현했어요.

"도자기로서 빛깔이 푸른 것을 고려 사람들은 비색이라고 한다. 근래에 더욱 세련되고 빛깔이 가히 일품이다."

이를 통해 중국에서 고려청자가 아름다움과 기술 면에서 얼마나 높은 평가를 받았었는지를 확인할 수 있지요.

사실 고려청자는 하루아침에 만들어진 것이 아니에요. 신석기 시대부터 흙으로 모양을 빚고 그것을 불에 구워 만들기 시작했던 것이 삼국 시대를 거치면서 더욱 발전해 오다가 고려 시대에 꽃을 피우게 된 것이지요.

고려청자의 아름다운 비색은 굽는 방식에 그 비법이 숨어 있어요. 밀폐된 가마 속에서 구울 때 연소* 반응이 일어나면서 점차 내부의 산소량이 줄어들어요. 이때 부족한 산소를 채우기 위해 청자 표면에 있던 산소 성분들이 빠져나오는데, 이 때문에 청자 표면이 푸른색으로 변하지요. 이것이 바로 고려청자의 은은한 빛, 비색이에요.

여기에 독특한 방식으로 표면에 무늬를 새겨 넣는 상감 기법까지 더해져 고려청자는 더욱 아름다운 작품으로 태어났어요. 그 결과 오늘날까지 세계인의 이목을 집중시키는 뛰어난 문화유산으로 자리 잡았지요.

청자상감진사모란문매병(보물 제346호)

공명 현상을 일으키는 악기
거문고

음력으로 한 해의 마지막 날인 섣달그믐이에요. 집집마다 쿵덕쿵덕 떡방아 찧는 소리가 울려 퍼졌어요. 그러나 당장 먹을 쌀조차 없었던 백결 선생의 집은 고요하기만 했지요. 백결 선생은 거문고를 무척 사랑하는 신라의 명인이었어요. 그러나 거문고 연주만 즐겼을 뿐 살림은 돌보지 않아 집이 몹시 가난했어요. 백결이라는 이름도 옷을 백 번이나 기워 입었다는 뜻에서 붙여진 별명이었지요.

떡방아 소리를 듣던 백결 선생의 부인이 한탄하며 말했어요.

"아이고, 여보. 집집마다 떡 하는 소리가 요란한데 우리는 쌀이 없으니 어떻게 새해를 맞이하겠어요?"

백결 선생은 빙긋 웃으며 부인에게 말했어요.

"속상해하지 마시구려. 내 당신을 위해 방아 찧는 소리를 들려주겠소."

백결 선생은 거문고를 연주하기 시작했어요. 그런데 그 소리가 마치 덩더쿵 덩더쿵 방아 찧는 소리처럼 들렸지요. 부인이 연주를 가만히 듣고 있자니 어느새 속상한 마음이 가시고, 흥겨움에 어깨까지 들썩였어요. 백결 선생의 방아 찧는 소리는 온 마을에 울려 퍼졌답니다.

우리나라 대표 현악기 거문고는 두 개의 나무를 덧대어 만들어요. 속을 파낸 둥근 오동나무와 평평한 밤나무를 아교로 붙여서 울림통을 만들고, 그 위에 명주실을 꼬아 만든 줄을 여섯 가닥 매서 완성하지요.

거문고를 연주하면 거문고의 줄이 진동하면서 내는 소리와 거문고의 울림통이 내는 소리가 동시에 울려요.

소리는 물체가 진동하면서 나는데, 물체마다 진동하는 횟수가 달라요. 진동수가 많은 물체는 두드렸을 때 높은 소리를 내고 진동수가 적은 물체는 낮은 소리를 내지요. 진동수가 같은 소리가 동시에 울리면, 두 소리가 합쳐져서 더욱 큰 소리가 만들어져요. 이런 현상을 가리켜 공명 현상이라고 하지요. 그네를 밀어 줄 때 그네가 왔다 갔다 하는 속도에 맞추어서 밀어 주면 더 높이 올라갈 수 있는 것과 같은 원리예요.

거문고를 연주하면 줄이 내는 소리와 거문고의 울림통이 내는 소리가 공명 현상을 일으켜서 더 크게 울려 퍼지지요.

보존성이 뛰어난 전통 종이
한지

 윤희네 할아버지는 한지를 만드는 장인이에요. 할아버지는 아침에 일어나자마자, 잿물에 삶아 말려 놓은 닥나무 껍질을 살폈어요.
 "하얗게 잘 말랐구나. 이제 방망이로 실컷 두드려야겠어."
 할아버지는 넓적한 돌판에 닥나무 껍질을 올려놓고 방망이로 부지런히 두드렸어요. 그러자 닥나무 껍질이 물에 술술 풀릴 정도로 부드러워졌지요. 할아버지는 잘 풀어진 닥나무 껍질을 깨끗한 물에 넣고 휘휘 저었어요.

이때 할머니가 닥나무 뿌리로 만든 닥풀을 들고 왔지요. 끈적끈적한 점성을 가진 닥풀은, 닥나무 섬유가 가라앉는 걸 막고 닥나무 껍질이 한지발에 잘 달라붙도록 도와줘요.

할아버지는 통에 닥나무 껍질과 닥풀을 넣어 잘 섞은 다음, 그 안에 한지발을 담갔어요. 한지발은 종이를 뜰 때 쓰는 네모난 틀인데, 말의 갈기나 꼬리털을 엮어서 만들지요.

"앞에서 뒤로, 뒤에서 앞으로, 왼쪽 오른쪽, 오른쪽 왼쪽!"

할아버지는 한지발을 이리저리 움직여서 종이를 떴어요. 이것을 햇빛에 잘 말리면 하얀 한지가 된답니다.

한지는 우리나라의 전통 종이예요. 촉감이 매우 부드럽고 질기며 천 년이 지나도 그 형태가 오롯이 유지될 만큼 보존성이 좋아요. 한지가 이토록 보존성이 뛰어난 건 만드는 과정 속에 과학적 지혜가 담겨 있기 때문이에요.

한지의 재료인 닥나무는 잿물로 삶아요. 잿물은 볏짚, 고춧대, 메밀대 등을 태운 재에서 우려낸 물인데 염기성*을 띠기 때문에, 잿물에 삶은 닥나무도 염기성을 띠지요. 오늘날 펄프(식물에서 기계적·화학적 방법으로 섬유를 빼낸 것)로 만드는 종이들은 대부분 산성*을 띠어요. 산성을 띤 종이는 시간이 흐르면 누렇게 변해 버리지요. 반면 염기성을 띠는 한지는 색이 변하지 않아요.

한지의 우수성은 세계에서 가장 오래된 목판 인쇄물인《무구정광대다라니경》에서 확인할 수 있어요. 이 경전은 약 1,200년 전에 만들어진 것인데, 발견 당시 종이가 거의 썩지 않고 깨끗하게 보존되어 있어서 세상을 깜짝 놀라게 했답니다.

세계 최초의 금속 활자본
직지심체요절

1967년, 프랑스 국립 도서관의 사서로 일하던 박병선 박사의 눈에 오래된 책 하나가 띄었어요.

"《직지심체요절》……."

제목을 확인한 박병선 박사는 가슴이 두근거렸어요. 이 책이 고려 시대에 만들어진 책이란 걸 알아챘기 때문이에요. 그날부터 박병선 박사의 외로운 연구가 시작되었어요. 연구 결과 이 책의 정식 명칭은 《백운화상초록불조

직지심체요절》이라는 것과, 충청북도 청주 흥덕사에서 처음 찍었다는 것, 그리고 고려 우왕 3년 때 찍었다는 사실을 알아낼 수 있었지요. 책을 꼼꼼하게 살피던 박사는 이번에는 조금 색다른 글자를 발견했어요. 바로 '주조'라는 단어였어요. 주조라는 말은 금속으로 틀을 만든다는 뜻이에요.

'혹시 이 책이 금속 활자로 만들어진 건 아닐까?'

박사는 왠지 모를 확신이 들었어요. 그때부터 인쇄술과 관련된 여러 자료를 모아 《직지심체요절》을 연구하기 시작했고, 마침내 이 책이 금속 활자로 찍어 낸 것이라는 걸 증명하는 데 성공했어요.

《직지심체요절》이 금속 활자본이라는 게 밝혀지면서, 전 세계가 발칵 뒤집혔어요. 당시까지만 해도 사람들은 독일의 구텐베르크가 만든 금속 활자를 세계 최초의 금속 활자로 알고 있었거든요. 《직지심체요절》이 그보다 78년이나 앞섰다는 것이 밝혀지자 우리나라의 뛰어난 인쇄 기술은 전 세계인의 주목을 받았어요.

금속으로 책을 찍어 내는 것은 뛰어난 합금* 기술과 종이, 물감 3요소를 골고루 갖추어야 가능한 일이에요. 활자를 만드는 데 쓰이는 금속은 먹이 닿아도 손상되지 않고, 여러 번 반복해서 책을 찍어 낼 수 있을 만큼 튼튼해야 해요. 그렇다고 너무 단단해서도 안 돼요. 너무 단단하면 활자에 글자를 새기기 어렵기 때문이에요. 종이는 금속이 닿아도 찢어지지 않을 만큼 질겨야 하고, 물감은 금속에 잘 묻어나는 것이어야 하지요.

금속 활자는 우리 조상들의 지식과 기술, 끈기가 모여 만들어 낸 위대한 업적이랍니다.

과학성과 체계성을 갖춘 문자

훈민정음

조선의 왕 세종은 백성을 사랑하는 마음이 깊었어요.

"한자는 매우 어려워서 백성들이 쉽게 배울 수 없소. 백성들이 억울한 일을 당해도 제 뜻을 표현할 길이 없으니, 이 얼마나 안타까운 일이오. 백성들이 쉽게 배우고 쓸 수 있는 글자를 만들도록 하시오."

세종은 집현전 학자들에게 백성을 위한 새로운 문자를 만들라고 명했지요. 집현전은 최고의 학자들이 모여 있는 곳으로, 이곳에서 수많은 발명과 연구가 이루어졌답니다.

그런데 세종의 명령에 몇몇 학자들이 반대하고 나섰어요.

"전하, 중국의 예법을 따르는 저희가 다른 글자를 쓰게 된다면, 중국의 높은 학문과 멀어지게 될 것입니다."

"새로운 글자를 만드는 일이 어찌 높은 학문과 멀어지는 일이겠소?"

세종은 반대를 물리치고 새로운 글자를 만들기 시작했어요. 그리하여 1443년에 새로운 문자가 탄생했고, 훈민정음이라 이름 붙였지요.

훈민정음은 세종과 집현전 학자들이 발명한 우리나라의 독창적인 글자예요. 훈민정음의 창제 원리가 담겨 있는 《훈민정음 해례본》을 보면 문자 창제의 과학성과 체계성을 확인할 수 있지요.

훈민정음의 자음 가운데 기본이 되는 다섯 글자(ㄱ, ㄴ, ㅁ, ㅅ, ㅇ)는 발성 기관의 모습을 본떠서 만들었어요. 따라서 글자의 모양을 보고 발음을 쉽게 추측할 수 있지요. 다른 자음들도 기본 글자에 획을 더하거나 포개는 방법으로 만들었기 때문에 문자와 발음을 쉽게 익힐 수 있지요.

훈민정음의 모음은 성리학에서 말하는 우주의 기본 요소인 하늘과 땅과 사람의 모양을 본떠서 만들었어요. 하늘을 뜻하는 ㆍ, 땅을 뜻하는 ㅡ, 사람을 뜻하는 ㅣ, 이 세 글자를 기본으로 하고, 이것들을 조합하여 다른 여러 모음들을 만들었지요.

훈민정음은 세계 문자 가운데 문자를 만든 사람과 반포일, 글자를 만든 원리가 전해지는 유일한 문자예요. 그 덕분에 1997년에 유네스코 세계기록 문화유산으로 지정될 수 있었어요.

조선의 물고기 백과사전

자산어보

　흑산도 바닷가에서 한 선비가 무언가를 뚫어지게 보고 있었어요. 선비의 눈길이 머문 곳에는 어부들이 잡아 온 각양각색의 물고기들이 있었지요. 그 모습을 지켜보던 아이가 선비에게 물었어요.

　"나리, 뭐하고 계세요?"

　"물고기를 관찰하고 있단다. 모양이 신기하고 처음 보는 것들이 많아서, 그 생김 하나하나를 자세히 보고 있었지."

선비의 이름은 정약전이에요. 정약전은 조선 시대 실학자로, 천주교에 관심을 가졌다는 이유로 정치적인 탄압을 받아 동생인 정약용과 함께 벼슬에서 쫓겨났어요. 그 후 정약용은 강진으로, 정약전은 흑산도로 유배를 가게 되었지요. 흑산도에서 정약전이 할 수 있는 일은 많지 않았어요. 간간이 강진에 있는 정약용에게 편지를 쓰며 고된 타지 생활을 견뎠지요. 그러던 어느 날 정약전은 흑산도의 바다 생물들에 관심이 생겼어요.

"이 작은 섬에 수많은 생물들이 살고 있다니 정말 놀라워. 이 해양 생물들을 모두 관찰해서 책으로 만들어 보자."

정약전은 어부들이 잡아 온 물고기를 관찰하여 그 모습을 기록하기 시작했어요. 기록에는 물고기의 겉모습과 해부해서 들여다본 모습, 잡은 시기, 맛, 효험 등 실생활에 도움이 되는 여러 정보가 두루 담겼어요. 또한 흑산도 사람들이 부르는 물고기 이름과 더불어 정약전이 새로 지은 물고기 이름도 같이 적어 두었지요. 이렇게 정리한 책이 바로 조선 시대의 어류 도감 《자산어보》예요.

《자산어보》는 정약전이 흑산도에 사는 220여 종의 해양 생물을 분류해 기록한 책이에요. 이전까지 해양 생물을 다룬 책들은 단순히 물고기의 이름들을 죽 나열하고 여러 문헌들의 내용을 옮겨 적은 것에 그쳤어요. 반면 《자산어보》는 비늘이 있는 '인류', 비늘이 없는 '무린류', 딱딱한 껍질이 달린 '개류', 그 밖의 '잡류'로 나눈 다음, 직접 관찰하고 연구한 내용과 흑산도 어민들의 체험 지식들을 바탕으로 썼다는 점에서 의미가 남다르지요.

오늘날까지도 《자산어보》는 조선의 어류학을 대표하는 중요한 책으로 손꼽히고 있어요.

세계 최초의 질병 예방법

동의보감

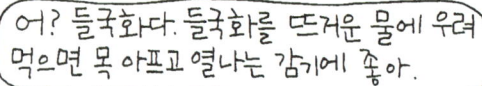

1592년에 임진왜란이 일어나 나라가 혼란에 빠졌어요. 그런 가운데 조선의 왕 선조는 허준을 불러 조용히 일렀어요.

"전쟁으로 많은 사람이 다쳤소. 그런데 치료법을 몰라 죽어가는 백성들이 많다 하오. 백성들이 읽을 수 있는 의학 책을 만드시오."

"예, 전하. 소인 최선을 다해 명 받들겠사옵니다."

"책을 정리하는 데 있어서 반드시 지켜야 할 것이 있소. 하나는 병을 고치기에 앞서 수명을 늘리고 병을 예방하는 방법을 중요하게 다뤄 주시오. 그리고 백성들이 쉽게 구해 쓸 수 있도록 약 이름을 한글로 써 주시오."

허준은 여러 의학자들을 모아 책의 뼈대를 잡아 나갔어요. 그러나 이듬해 또다시 전쟁이 일어나면서 작업은 중단되고 말았어요.

전쟁이 끝나고 3년 뒤인 1601년, 허준은 홀로 의학 책을 써 나갔어요. 그러나 의원 일과 같이 병행하다 보니 작업은 무척 더뎠어요. 선조는 결국 책의 완성을 보지 못하고 세상을 떠나고 말았어요.

이후 허준은 어의(왕을 모시는 의사)로서 왕의 건강을 지키지 못했다는 이유로 귀양을 가게 되었고, 그곳에서 오로지 책 편찬에만 힘을 쏟았어요. 귀양을 온 지 1년 8개월이 흘러, 마침내 허준은 책을 완성할 수 있었지요. 책을 받아 든 광해군은 그 내용에 감격하여 '동쪽 지방의 의학에서 나온 보배 같은 거울'이란 뜻으로 '동의보감'이란 이름을 붙여 주었답니다.

《동의보감》은 조선의 의학자 허준이 여러 의학 서적들을 참고하여 정리한 의학 책이에요. 질병의 증상과 예방법, 치료법에 대한 내용을 자세하게 다루고 있지요. 가난한 백성들도 직접 약을 구해 쓸 수 있도록 우리나라 약제에 관한 지식을 자세히 다루고, 한자를 모르는 백성들도 읽을 수 있도록 모든 약의 이름들을 한글로 기록했어요.

《동의보감》이 오늘날까지 가치 있는 의서로 인정받는 이유는 이 책이 세계 최초로 병을 예방하는 법을 다루었기 때문이에요. 병의 치료에만 목적을 두던 당시 동양 의학이나 증상을 개선하는 데에만 치우쳤던 서양 의학과 달리 《동의보감》은 일상생활에서 병을 예방하는 방법을 다루고 있어요. 이는 치료보다 예방을 우선으로 여기는 현대 의학의 흐름과도 통하는 매우 획기적인 의학 이론이지요.

체질에 따라 다른 약을 쓰는 의학

사상 의학

이제마는 함흥 출신의 무관으로, 성격이 활달하고 이곳저곳 떠돌기를 좋아했어요. 그러던 어느 날, 만주를 여행하고 돌아오는 길에 의주에 사는 홍씨 집에 머물게 되었어요.

"나리, 이 책들은 다 무엇입니까?"

"의학 서적들이네. 자네, 의학에 관심이 있는가?"

"아뇨. 무관인 제가 의학에 관심 가질 일이 뭐 있겠습니까? 그런데 잠깐 들여다보니 흥미진진한 내용들이 참 많습니다."

"그러한가? 필요하면 내 자네에게 몇 권 빌려 주도록 하지."

이 일을 계기로 이제마는 의학을 공부하기 시작했어요. 그 과정에서 이제마는 새로운 사실을 깨달았어요.

'사람은 각자 타고난 체질이 다르구나. 똑같은 질병에 걸린 사람이라도 누군가에는 잘 듣는 명약이 누군가에는 독약이 될 수 있어.'

이제마는 여러 사람들의 모습을 관찰하고 연구하기 시작했어요. 그 결과 체형, 성질에 따라 네 가지 체질로 나눌 수 있고, 체질에 따라 다른 치료법을 써야 한다는 결론을 얻었지요.

"사람은 태양인, 소양인, 태음인, 소음인 네 개의 체질로 나뉘어. 태양인은 큰 얼굴에 빛나는 눈을 가졌어. 소양인은 짱구가 많고 살이 잘 찌지 않아. 태음인은 얼굴이 넓적하고 코가 커. 소음인은 인상이 순하고 얼굴 폭이 좁지."

그는 직접 사람들을 치료하고 관찰하며 정리한 자신의 이론을 《동의수세보원》이라는 책에 기록했답니다.

이전까지 한의학에서는 누구에게나 똑같은 약을 썼어요. 같은 병에 걸린 환자가 100명이라면 모두에게 같은 치료법을 쓰고 같은 약을 지어 주었지요. 그러나 이제마의 생각은 달랐어요. 환자들에게 저마다 체질이 다르기 때문에 체질에 따라 다른 치료법을 써야 한다고 주장했지요. 이것이 바로 사상 의학이에요. 사상 의학은 우리나라 고유의 의학으로 환자의 체질을 중심으로 병을 진단하고 치료하는 것이 가장 큰 특징이에요. 아직 과학적으로 완전히 증명되지는 않았지만, 최근에도 실효성이 높다고 평가받고 있어요.

4장
하늘과 땅을 연구한 전통 과학

● 24절기 ● 첨성대 ● 천상열차분야지도 ● 측우기 ● 수표 ● 풍기대 ● 앙부일구
● 자격루 ● 대간의와 소간의 ● 칠정산 ● 풍수지리 ● 대동여지도

태양의 위치에 따라 나눈 계절

24절기

보슬비가 내리는 날이에요. 구복이가 창밖을 내다보며 말했어요.

"단비가 오네."

옆에 있던 구복이의 아내가 거들었어요.

"곡우에 딱 맞춰 봄비가 오다니……. 올해는 농사가 잘되려나 봐요."

곡우는 24절기 가운데 여섯 번째 절기로 '비가 내려 곡식을 잘 자라게 한다.'는 날이에요.

구복이는 자리를 털고 일어났어요.

"곡우도 되었으니 오늘은 볍씨를 담가야겠군."

볍씨에서 싹이 나면 논에 볍씨를 뿌리는 못자리를 할 거예요. 본격적으로 농사일이 시작되면 더욱 바빠지겠지요?

절기는 태양이 하늘에서 1년 동안 지나는 길인 황도를 15도 간격으로 나눠 놓은 거예요. 360도를 15도씩 나누었기 때문에 24개의 절기가 생겨요.

태양의 위치는 기온, 일조량, 강수량 등 날씨에 영향을 줘요. 날씨에 민감한 농부들은 절기에 맞추어 농사일을 준비했지요.

황도 0도는 절기상으로 춘분이에요. 황도 90도는 하지, 180도는 추분, 270도는 동지지요.

절기의 날짜는 해마다 하루 이틀 정도 차이가 나요. 지구의 공전 궤도*가 타원형이어서 황도 15도를 지나는 데 걸리는 시간이 해마다 조금씩 다르기 때문이지요.

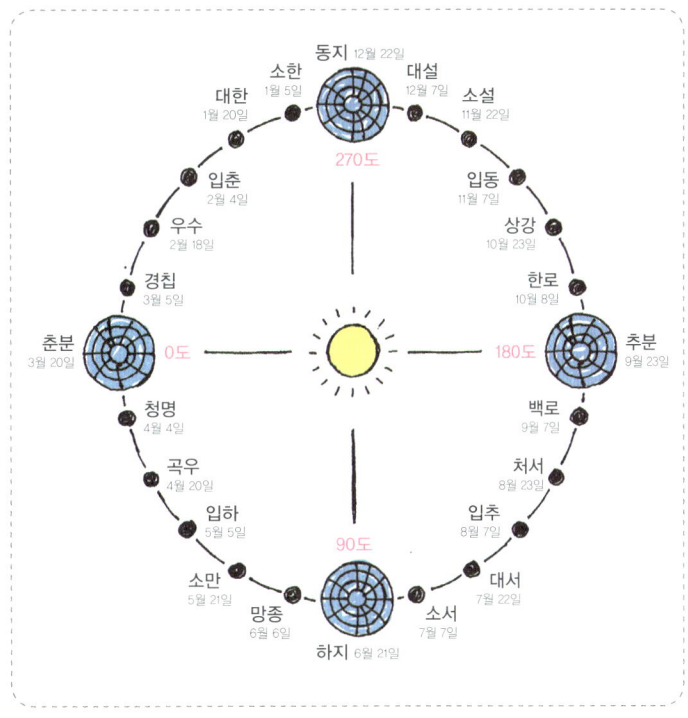

동양의 가장 오래된 천문대
첨성대

"엇차."

신라의 천문학자 두 명이 첨성대에 오르기 위해 가운데 창에 사다리를 걸쳤어요. 계단이 따로 없기 때문에 창까지 올라가려면 이렇게 사다리를 이용해야 했어요. 두 사람은 사다리를 타고 올라가 창 안으로 쏙 들어갔어요. 그런데 이게 끝이 아니었어요. 창에 도착하자, 안쪽에 또 다른 사다리가 놓여 있었거든요. 두 번째 사다리는 첫 번째 것보다 경사가 가파르고 비좁아서 오르기가 더 힘들었어요. 꼭대기에 다다르자 반짝이는 별들이 보였어요.

"오늘따라 별이 무척 많군."

"올해 신라의 운수는 어떤지 알아볼까?"

"어? 저기 못 보던 별이 보인다!"

두 사람은 별의 움직임과 변화를 관찰하기 시작했어요. 관측한 결과로 전쟁의 승패나 나라의 운세 같은 것을 점치기도 하고, 새로운 별을 보면 따로 기록하기도 했지요.

동양의 가장 오래된 천문대로 알려진 첨성대는 명성에 비해 규모가 그리 크지 않아요. 높은 언덕에 있지도 않고, 높이도 9미터 정도밖에 되지 않지요. 그러나 첨성대가 있는 자리는 주위가 넓게 트여 있어서 밤하늘을 관찰하기에 무척 좋은 위치였다고 해요.

신라 시대에 별을 관측하는 곳이 따로 존재했다는 것은 당시 사람들이 천문학에 대한 관심이 높았고, 하늘을 체계적으로 관찰하고 연구했다는 걸 의미해요. 실제로 신라 사람들은 천문 담당 부서를 따로 두었고, 천문학자들의 실력도 무척 뛰어나 일식(달이 태양을 가리는 현상)을 29번이나 관찰하여 기록으로 남겼지요.

건축적인 요소들을 따져 보았을 때도 첨성대는 천문학적으로 많은 의미를 갖고 있어요. 첨성대를 만든 돌의 숫자를 세어 보면 360여 개인데, 이는 1년의 날짜를 표현한 것이라고 해요. 단이 29~30단인 것은 한 달의 날짜를 표현한 것이고, 가운데 창문을 기준으로 위쪽 12단과 아래쪽 12단으로 나누어지는 것은 1년이 12달이라는 것을 보여 주는 듯하지요. 게다가 위쪽과 아래쪽의 단을 합치면 24단이 되는데 이는 24절기를 나타낸 것으로 추측되고 있어요.

고구려인의 우주관을 엿볼 수 있는 별자리 지도

천상열차분야지도

조선을 세운 태조에게 반가운 소식이 전해졌어요.

"전하, 고구려 천문도의 탁본(돌에 새겨진 글씨나 무늬에 먹을 묻혀 종이에 뜬 것)이 있어 바칩니다."

"고구려의 천문도라고? 들은 적 있다. 옛날 고구려 평양성에 별의 위치를 나타내는 천문도가 새겨진 돌 비석이 있었는데, 전쟁으로 사라지고 그 탁본도 남아 있지 않다고 했는데……. 정녕 그때의 천문도가 맞단 말이냐?"

"그러하옵니다."

"귀중한 물건이로다. 그것을 돌에 다시 새기도록 하라."

그러자 천문학자가 고개를 조아리며 답했어요.

"전하, 다시 새기는 일은 문제가 되지 않으나, 오랜 세월이 흘러 별자리가 달라져서 큰일이옵니다. 이 천문도를 바탕으로 하되, 별의 위치를 새로 측정하여 새기는 것이 어떠하겠습니까?"

"좋은 생각이다. 그리하도록 하라."

다시 그린 천문도에는 '천상열차분야지도'라는 이름이 붙여졌어요. '하늘의 모습을 그대로 늘어놓은 지도'란 뜻이지요.

태조가 고구려의 천문도를 되찾은 것을 반긴 데는 특별한 이유가 있었어요. 고구려 천문도의 발견은 고려 왕조를 무너뜨리고 새로운 나라를 세운 그에게 고구려의 왕통을 잇는다는 명분을 제공해 주기 때문이에요. 또한 예부터 농경 생활을 해 온 우리 조상들에게 날씨의 변화는 매우 중요한 요소여서, 날씨 변화를 예측하는 것은 조정의 중요한 임무였어요. 따라서 천문도를 발전시켜 새로운 별자리 지도를 만들고, 그것을 바탕으로 더 정확하게 날씨를 예측한다면 백성을 다스리는 데에 큰 도움이 되거든요.

천상열차분야지도를 자세히 살펴보면 별의 밝기에 따라 별의 크기를 다르게 그린 것을 확인할 수 있어요. 이는 중국의 천문학에서는 발견되지 않는, 고구려 천문학만의 고유한 표기 방식이지요. 또한 지도에 태양이 지나는 길 황도와 남반구와 북반구를 가르는 적도의 위치, 별자리 지도의 역사 등이 꼼꼼하게 기록되어 있어서, 당시 천문학자들의 우주관과 천문학 수준을 엿볼 수 있어요.

내린 비의 양을 재는 기구
측우기

"어서 비가 와야 할 텐데……. 이러다가는 곡식들이 모두 말라 죽겠어요."
"몇날 며칠 비만 내리니, 밭에 심은 농작물이 모두 떠내려가겠어."

비가 너무 안 와도, 비가 너무 많이 와도 농부들은 울상이었어요. 비가 언제 내릴지, 언제 그칠지 모르다 보니 언제나 애를 태웠지요.

이에 조선의 임금 세종은 비가 내린 양을 재는 '측우기'를 전국에 설치하도록 했어요. 측우기로 전국에 내리는 비의 양을 측정하고 기록하도록 했지요. 내린 비의 양을 기록하면 다음 해부터는 언제 비가 많이 오고 언제 적게 오는지 예측할 수 있어요. 따라서 홍수나 가뭄에 미리 대비할 수 있지요. 또한 지역마다 내린 비의 양을 비교하면, 어느 지역에 비가 많이 오고 적게 오는지를 파악할 수 있어서 백성을 다스리는 데도 도움이 되지요.

한차례 소나기가 쏟아졌어요. 비가 그치자 관리들은 측우기 앞에 모여 비가 얼마나 왔는지 쟀어요.

"어디, 비가 얼마나 왔지?"

측우기에 '주척'이라는 자를 꽂아 고인 빗물의 양을 측정했어요.

"6푼이로군."

길이를 재는 단위로는 척, 촌, 푼을 썼어요. 1척은 약 20센티미터, 1촌은 2센티미터, 1푼은 2밀리미터 정도예요. 그러니 6푼이면 비가 약 12밀리미터 정도 왔다는 뜻이지요.

측우기는 과학적으로 빗물을 재는 세계 최초의 기상 관측 기구예요. 흔히 장영실이 만들었다고 알려졌는데, 기록에 따르면 세종의 맏아들인 문종이 세자 시절에 만든 것이지요.

측우기는 바닥이 평평한 둥근 그릇에 빗물을 받아 자로 깊이를 재는 단순한 방법이었지만, 그때까지 누구도 생각해 내지 못한 획기적인 아이디어였어요. 측우기를 이용하여 강수량을 측정하고 난 이후에는 그 자료를 기록해 두어, 과거의 기록과 현재의 기록을 비교했답니다.

오늘날에는 비가 내린 양을 재기 위해 우량계를 써요. 측우기는 빗물이 담긴 그릇에 직접 자를 넣고 쟀기 때문에 자의 부피*만큼 물의 부피도 늘어난다는 허점이 있었어요. 우량계는 눈금이 있는 투명한 실린더에 빗물을 옮겨 담아 측정하기 때문에 더 정확하지요.

강물의 높이를 재는 기구
수표

　청계천 근처를 지키는 관원인 병구에게는 고민이 하나 있었어요. 며칠째 비는 안 오고 해만 쨍쨍 내리쬐고 있거든요. 이러다가 형님네 논물이 모두 말라 농사를 망칠까 걱정이었어요. 병구는 수표를 확인했어요.
　"오늘은 수심이 3척 2촌이네. 날이 가물어 강물이 많이 줄었어."
　3척 2촌은 64센티미터 정도예요. 병구는 측정한 강물의 높이를 기록했어요. 수표를 보고 강물 깊이를 기록하는 일도 병구의 일 중 하나였지요.

이날 밤, 그토록 기다리던 비가 후둑후둑 신 나게 쏟아져 내렸어요. 다음 날 병구는 비가 그치자마자 수표로 달려갔어요.

"오늘은 4척 1촌(82센티미터)이야. 하루 사이에 1척 가까이 늘었네."

병구는 강물의 깊이를 기록하며 하늘에 대고 외쳤어요.

"하늘 님, 비 님, 고맙습니다. 이왕이면 며칠 더 시원하게 뿌려 주세요! 우리 형님 농사 잘되게요!"

수표는 개울이나 강물의 깊이를 재는 도구예요. 조선의 임금 세종은 청계천의 마전교(오늘날의 수표교), 한강 등에 수표를 설치하여 수심을 관찰하도록 했어요. 우리나라는 한여름에 비가 집중적으로 내리므로 강물이 넘쳐서 주변 마을이 피해를 입는 일이 잦았어요. 따라서 강물의 높이를 수시로 측정하여 위험에 대비했지요. 처음에 만든 수표는 나무로 되어 있었는데, 물에 젖으면 쉽게 썩어 버렸기 때문에 영조 때부터 튼튼한 돌로 만들었어요.

영조 때 세워진 수표를 보면 1척에서 10척까지 1척 단위로 눈금이 새겨져 있는 걸 볼 수 있어요. 3척, 6척, 9척에는 따로 동그라미 표시를 해 놓았는데, 3척은 물이 적다는 뜻의 '갈수', 6척은 물이 보통이라는 뜻으로 '평수', 9척은 물이 너무 많다는 뜻의 '대수'를 의미했지요. 9척 이상이면 위험하므로 물이 넘칠 것을 대비하여 사람들을 미리 대피시켰어요.

오늘날에도 강물의 높이를 재는 일은 무척 중요해요. 주요 하천마다 상류와 하류에 수표를 설치하여 강물의 높이를 재지요. 그 기술은 예전보다 훨씬 발달해서, 이제는 하천 상류의 물 높이와 늘어난 강물이 하류에 전해지는 시간 등을 추적하여 언제 홍수가 일어날 것인지를 예측할 수 있어요.

풍향과 풍속을 재는 깃발 받침대

풍기대

바람이 세차게 부는 날이었어요. 조선의 기상청인 관상감 관리들이 바람을 맞으며 밖으로 나왔어요. 궁궐 안의 높은 나뭇가지에 매달아 놓은 깃발이 어느 방향으로 얼마나 펄럭이는지 확인하려고 나온 거예요. 관상감에서는 비가 내린 양을 측정하고, 하늘의 변화를 관측하고 기록하는 일을 했는데, 바람의 방향과 세기를 관측하는 것 또한 이들이 해야 할 일이었어요.

그때 한 관리가 다급하게 외쳤어요.

"저길 봐! 깃발이 또 나뭇가지에 둘둘 말렸어."

"아이고, 골치야. 이번엔 또 누가 올라가지?"

바람이 강하게 부는 날이면 이렇게 깃발이 나뭇가지에 걸리는 일이 자주 일어났어요. 그때마다 관리 중 한 사람이 나무를 타고 올라가 깃발을 풀어야 했지요.

그 사실을 전해 들은 세종은 혀를 끌끌 찼어요.

"깃발이 걸릴 때마다 위험하게 나무에 오른단 말이냐? 그러지 말고 돌로 높은 대를 만들어라. 그 위에 장대를 꽂아 깃발을 달도록 하라!"

이렇게 해서 만든 받침돌이 바로 풍기대예요. 관상감의 관리들은 풍기대에 긴 장대를 꽂고 장대 끝에 깃발을 달았어요. 깃발이 날리는 방향을 24방향으로 나누어 풍향을 측정하고, 깃발이 나부끼는 정도로 바람의 세기를 가늠했어요.

옛날에는 바람이 일으키는 풍해도 무척 큰 재해였어요. 차고 건조한 바람이 거세게 불어오면 농작물이 말라 죽기도 하고, 강한 바람이 불면 나무가 뽑히고 곡식이 쓰러지기도 했거든요. 그래서 관상감에서는 풍기대에 꽂힌 깃발로 바람의 방향과 세기를 주의 깊게 관측하여 위험에 대비했어요.

오늘날에는 기상 관측소에서 풍향 풍속계로 바람의 방향과 세기를 관측해요. 결과를 측정하고 기록하는 장치는 옛날보다 훨씬 정교해졌지만, 물체가 날리는 방향과 모습으로 풍향과 풍속을 재는 기본 원리는 옛날과 같답니다.

그림자로 시간을 알려 주는 해시계

앙부일구

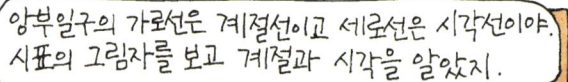

조선 세종대왕 때의 일이에요. 1434년 종로 혜정교 앞에 해시계가 세워졌어요. 해시계가 놓이자 사람들이 몰려와 구경했지요.

"이게 해시계란 거야? 꼭 솥뚜껑을 뒤집어 놓은 것처럼 생겼네."

"아니, 근데 이걸 왜 여기 세웠을까?"

사람들이 수군거리자 병사가 말했어요.

"임금님께서 백성들 누구나 볼 수 있도록 혜정교와 종묘 남쪽 거리에 앙부일구를 세워 두도록 하셨습니다."

한 사람이 불쑥 끼어들었어요.

"그런데 이걸로 어떻게 시간을 알 수 있습니까?"

병사가 빙긋이 웃으며 대답했어요.

"모두 여기를 보세요. 지금 시표의 그림자가 오시(오전 11시~오후 1시)와 경칩(양력 3월 5일)이 만나는 곳에 있지요? 이걸로 오늘이 절기상으로 경칩이고, 지금 시각은 오시라는 걸 알 수 있어요."

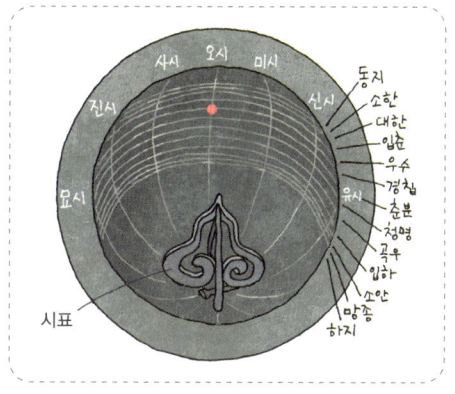

사람들은 눈이 휘둥그레져서, 앙부일구를 들여다봤답니다.

앙부일구는 시표의 그림자 위치로 계절과 시각을 알리는 해시계예요. 둥근 대접 모양에 다리가 4개인데, 그 모양이 마치 솥뚜껑을 뒤집어 놓은 것처럼 생겼다고 해서 앙부일구(仰우러를 앙, 釜가마 부, 日날 일, 晷그림자 구)라는 이름이 붙었지요.

앙부일구의 안쪽을 자세히 들여다보면, 13개의 가로선과 7개의 세로선이 그려져 있는 것을 볼 수 있어요. 13개의 가로선으로는 계절의 변화를 알 수 있고, 7개의 세로선은 시간을 나타내지요. 그런데 이상한 것은 세로선 하나가 2시간을 나타내기 때문에 모두 12개의 선이 있어야 하는데 7개밖에 없다는 거예요. 비밀은 이 시계가 해시계라는 데 있지요. 유시(오후 5시~7시)부터 묘시(오전 5시~7시) 사이에는 해가 뜨지 않기 때문에 해시계가 제 역할을 할 수 없어요. 따라서 어두운 시간대는 앙부일구에 선을 표시하지 않았답니다.

자동으로 시간을 알려 주는 물시계
자격루

물시계는 물을 일정한 속도로 떨어지게 한 다음, 떨어진 물의 양을 헤아려 시간을 재는 기구예요.

그림처럼 두 개의 둥근 항아리를 2층으로 놓은 다음, 위 항아리에서 아래 항아리로 물이 흘러내리게 했어요. 그리고 그 물이 다시 아래에 있는

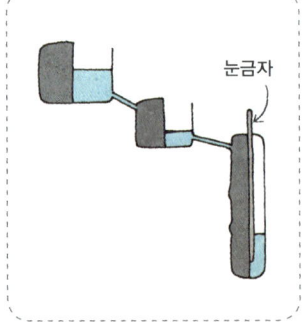

길쭉한 항아리에 흘러들게 하고, 거기에 시각을 새긴 눈금자를 띄워 시간을 측정했지요. 물시계 옆에는 항상 관리가 지키고 있었어요. 때가 되면 종을 쳐서 시간을 알려야 하거든요.

어느 날 세종이 장영실을 불러 말했어요.

"관리들이 하루 종일 물시계 옆에 서서 기다리려면 얼마나 힘이 들겠는가? 더구나 사람의 눈으로 물의 눈금을 확인하고 종을 치다 보니 정확하지 않은 때가 많다. 자동으로 정확하게 시간을 알릴 수 있는 시계를 만들도록 하라."

장영실은 명을 받은 지 3년 만에 '자격루'를 만드는 데 성공했어요.

"그래, 이 시계는 어떠한 원리로 시간을 알려 주는 것이냐?

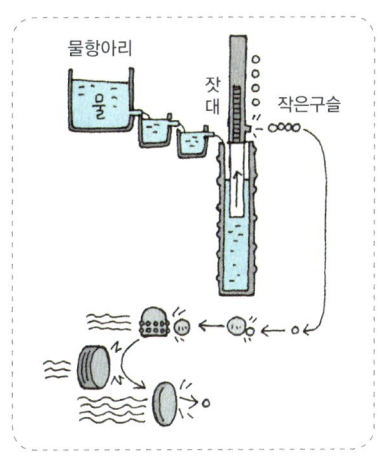

"먼저 커다란 물통에 일정한 속도로 물이 차오르게 했습니다. 그리고 물통에 물이 어느 정도 차오르면 부표(물 위에 뜨는 물건)가 떠오르게 했지요. 떠오른 부표가 구슬을 건드리면 구슬이 굴러가서 인형을 움직이도록 했습니다. 물이 차오르는 일정한 속도에 맞추어 시간마다 인형이 종을 쳐서 시간을 알려 줍니다."

장영실의 설명을 들은 세종은 매우 흡족해했답니다.

자동으로 시간을 알려 주는 시계를 처음 만든 사람은 장영실이 아니에요. 인형이 종을 치는 아이디어와 인형을 움직이게 하는 장치로 구슬을 생각한 사람은 송나라의 소송이었어요. 장영실은 이것을 발전시켜 좀 더 정교하고 정확한 시계를 만들어 냈어요.

하늘을 관측하는 기구
대간의와 소간의

혼천의는 중국에서 만든 하늘을 관측하는 기구예요. 지구를 모형화한 둥근 구와 별의 운행 방향인 적도, 태양이 지나는 길인 황도, 달이 지나는 길인 백도를 본떠서 만든 3개의 고리로 이루어졌어요. 관측하고자 하는 별에 위치를 맞추어 놓으면 적도, 황도, 백도를 나타내는 3개의 고리에 새겨진 눈금으로 천체의 위치와 변화를 읽어 낼 수 있지요. 그러나 혼천의로 관측한 값은 실제와 차이가 있었어요. 이에 원나라의 곽수경은 아라비아의 천문 기구를 참고하여 '간의'라는 새로운 천문 관측기구를 만들었지요.

그 무렵, 조선에서도 혼천의보다 정확한 관측기구를 만들어야 한다는 목소리가 높아지고 있었어요.

"하늘을 정확히 관측할 수 있는 장비가 필요합니다."

"간의를 우리 기술로 새롭게 만들어 보는 것이 어떻겠습니까?"

1432년 세종은 이 일을 이천, 장영실 등에게 맡겼어요. 조선의 과학자들은 힘을 합쳐서 마침내 천문 관측기구 개발에 성공했어요. 이때 만들어진 기구를 대간의라고 부르지요.

그런데 대간의는 크기가 6미터나 되어서 옮기기 불편했어요. 세종은 다시 과학자들을 불러 말했어요.

"대간의의 크기를 줄여 더 편리하게 쓸 수 있는 관측기구를 만들도록 하시오."

과학자들은 대간의를 응용해 소간의를 만들어 냈어요.

대간의와 소간의로 조선의 천문학자들은 해, 달, 행성과 별의 위치, 고도와 방위를 측정했어요. 비록 중국의 학자 곽수경이 만든 것을 보고 참고하여 만든 기구이기는 하지만, 우리의 기술로 새롭게 만드는 데 성공했다는 점에서 조선의 천문학이 얼마나 뛰어났는지를 알 수 있지요.

우리 조상들이 만든 달력
칠정산

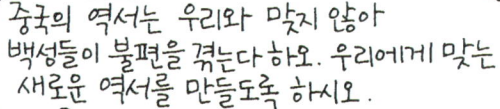

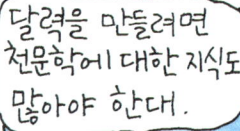

　중국은 해마다 동짓날이 되면 역서(달력)를 만들어 주변의 나라들에 나누어 주었어요. 하지만 이 역서는 중국을 기준으로 하여 만든 것이기 때문에 조선에서는 꼭 들어맞지 않았지요. 두 나라는 위치도 다르고, 역서 자체에도 오류가 있었거든요. 마침내 세종은 큰 결심을 내렸어요.

　'우리나라는 중국과 달라. 우리에게 딱 맞는 조선의 역서를 만들어야 해.'
　세종은 정초, 정흠지, 정인지, 이천, 장영실 등 당시 뛰어난 학자들을 불러 모았어요.

"농사를 짓는 백성들에게 계절의 변화와 시간의 흐름을 정확히 알리는 것이 얼마나 중요한지는 더 말하지 않아도 알 거라 생각하오. 그런데 중국의 역서는 우리에게 맞지 않으니 큰일이 아닐 수 없소. 이제라도 우리에게 꼭 맞는 새로운 역서를 만들어 보시오."

왕명을 받든 학자들은 바삐 움직이기 시작했어요.

"우리는 고전을 공부해 역법의 원리를 알아내겠어요."

"저는 천문 관측기구를 만들겠습니다."

"우리는 이번에 명나라에서 가지고 온 역서와 아라비아의 역법을 연구하겠습니다."

학자들이 힘을 모아 직접 천체를 관측하고 여러 책들을 공부한 끝에, 우리의 역서 《칠정산》이 세상에 등장했어요. 이 새로운 역서는 일식과 월식(달이 지구 그림자에 가리는 현상)의 날짜를 계산해 낼 수 있을 만큼 정확했지요.

달력을 만드는 일은 무척 어려워요. 해와 달, 여러 별들의 움직임을 관측해야 하고, 그것들을 바탕으로 일 년, 한 달, 하루의 길이며, 일식과 월식, 절기마다 해가 뜨고 지는 시간 등을 계산해야 하지요. 조선의 천문학자들은 간의, 혼천의 등을 설치하여 하늘의 변화를 관측하고, 복잡한 수학 공식으로 날짜를 계산해 내는 데 성공했어요. 이를 바탕으로 우리나라 최초의 역서 《칠정산》을 만들었지요.

《칠정산》은 중국의 것을 그대로 따르던 것에서 벗어나, 중국 땅이 아닌 조선 땅 서울을 천체 관측의 중심 지점으로 잡았다는 데에 큰 의미가 있어요. 내용 또한 오늘날의 천문학자들이 계산한 것과 거의 일치할 만큼 정확해서, 당시 학자들의 천문학 수준과 수학 실력이 대단했음을 알 수 있지요.

땅의 기운으로 점을 치는 이론
풍수지리

통일 신라 말기, 도선 스님은 한 마을을 지나다가 집을 짓고 있는 남자를 보게 되었어요.

'참, 기이하도다. 이곳에서 묘한 기운이 느껴지는구나.'

그런데 남자가 짓고 있는 집에는 아쉬운 점이 하나 있었어요. 스님은 남자를 불러 이 사실을 말해 주었지요.

"집을 짓고 있는 그곳은 기운이 참 좋은 땅입니다. 헌데, 한 가지 걸리는 게 있어요."

"예? 스님, 걸리는 거라니요?"

"그곳 말고 반대편으로 집터를 옮겨 짓는 게 좋겠어요. 그렇게만 한다면 내년에 아주 귀한 아기가 그 집에서 태어날 거요."

스님의 말을 들은 남자는 고개를 갸웃거렸어요. 도선 스님은 남자를 설득하기 위해 더 말을 보태려다가 애써 발길을 돌렸지요.

'사실은 그 집에서 장차 왕이 될 운명을 가진 아기가 태어날 텐데……. 이 말까지 했다가는 역적으로 몰릴 수 있으니, 말을 아껴야지.'

도선 스님은 발길을 재촉하며, 남자가 자신의 말을 흘려듣지 않기를 바랐어요. 다행히 남자는 도선 스님의 말대로 집터를 고쳐 지었어요. 1년 뒤 스님의 말대로 늠름한 사내아이가 태어났지요. 이 아이가 바로 훗날 후삼국을 통일하여 고려를 세운 왕건이랍니다.

풍수지리는 지형을 인간의 운과 연결시켜, 죽은 사람을 묻거나 집을 지을 때 알맞은 장소를 구하는 이론이에요. 땅의 기운을 가지고 판단하기 때문에 미신이고 비과학적인 것이라고 단정 짓기 쉬운데, 잘 따져 보면 매우 논리적인 이론이라는 걸 알 수 있지요.

풍수지리에서 중요하게 생각하는 지형의 조건 가운데 하나가 배산임수예요. 배산은 산을 등지고 있는 모양새를 뜻하고, 임수는 물을 바라보는 지형을 말하지요. 배산임수처럼 산이 병풍처럼 등 쪽을 둘러싸고 개울이 집 앞으로 가까이 흐르면, 북쪽에서 불어오는 매서운 겨울바람을 막아 주고 물길을 따라 운반된 흙이 쌓여 기름진 땅을 이루기 때문에 농사를 짓고 살기 좋아요. 따라서 예부터 배산임수의 지형에 큰 마을들이 많이 생겼어요. 다른 나라의 수도 또한 배산임수 조건에 들어맞는 곳들이 많지요.

기호를 이용하여 정밀하게 그린 지도

대동여지도

　김정호는 어려서부터 지도와 지리에 관심이 많았어요.
　"우리 마을을 한눈에 볼 수 있도록 지도를 그릴 수 있을까?"
　어린 김정호는 산꼭대기에 올라가 직접 마을 지도를 그려 보았어요. 작은 종이에 세상을 담아내는 기분은 최고였지요. 성인이 되어서도 지도에 대한 열정은 식을 줄 몰랐어요.
　그런 김정호의 눈에 한 가지 걸리는 게 있었지요.

"지도를 좀 더 보기 좋게 만들 수는 없을까?"

당시 지도에는 지형을 나타내는 그림 말고도 지명이며 중요한 내용들이 빽빽하게 적혀 있었어요. 어디가 어디인지 한참을 들여다봐야 알아볼 수 있었지요. 게다가 모든 지도를 손으로 베껴 그리다 보니 옮기는 과정에서 조금씩 달라지는 경우도 많았어요.

"그래! 내 손으로 우리나라 지도를 만들어 봐야겠다. 보기에도 좋고, 내용도 정확한 지도를 만들겠어!"

그러나 전국을 직접 돌며 지도를 그리기란 현실적으로 불가능했어요. 대신 이미 나와 있는 여러 지도들을 두루 찾아보며 지도를 만들기 시작했지요. 그렇게 만들어진 지도가 바로 대동여지도예요.

김정호의 대동여지도가 주목받는 데는 기호가 큰 역할을 해요. 김정호는 산성, 봉수, 역참 등 장소를 글자로 표시하는 대신 기호로 바꾸어 그려 넣었어요. 산을 그릴 때는 높은 산일수록 선을 두껍고 크게 표시하여 산의 높이를 가늠할 수 있게 하고, 도로에는 10리마다 점을 찍어서 목적지까지의 거리를 쉽게 알 수 있게 했지요.

또한 김정호는 지도를 목판본으로 만들어서 여러 장 찍어 낼 수 있도록 했어요. 이전의 지도들은 사람이 손으로 옮겨 그리다 보니 내용이 빠지거나 바뀌는 경우가 많았어요. 한 장 그리는 데 시간과 비용도 많이 들어서 지도를 가질 수 있는 사람도 소수였지요. 그러나 대동여지도는 한 번에 여러 장을 찍을 수 있어서 많은 사람들에게 지도를 보급할 수 있었어요. 또 한 번 만들 때 정확하게 만들어서 목판본으로 찍어 냈기 때문에 오류를 줄일 수 있었답니다.

과학 용어 사전

가시거리 눈으로 볼 수 있는 거리. 공기 중에 수증기나 모래, 먼지, 물, 얼음 등이 많이 낄수록 가시거리가 짧아진다. 아주 맑은 날, 서울의 가시거리는 35킬로미터 정도 된다.

공전 궤도 천체가 다른 천체의 둘레를 주기적으로 돌 때 지나는 길. 지구는 태양의 둘레를 타원형 궤도를 그리면서 도는데, 이는 지구 주위의 여러 행성들이 지구를 잡아당기는 만유인력이 작용하기 때문이다.

고정 도르래 한곳에 고정하여 이용하는 도르래. 고정 도르래를 이용하면 힘의 방향을 바꿀 수 있다. 국기 게양대나 블라인드 등에 고정 도르래가 쓰인다.

끓는점 액체가 끓기 시작하여 기체로 변하는 온도. 물의 끓는점은 100도이다. 끓는점은 압력이 높아지면 같이 높아지고, 압력이 낮아지면 같이 낮아진다. 따라서 공기의 압력이 낮은 높은 산에서 밥을 하면, 밥이 평소보다 낮은 온도에서 끓기 때문에 설익거나 맛없게 된다. 이때는 무거운 돌을 냄비에 올려놓는 방법으로 압력을 높일 수 있다.

대류 물질이 직접 이동하면서 열을 전달하는 방법. 물을 가열할 때 뜨거워진 물은 위로 올라가고, 차가운 물은 아래로 내려온다. 이렇게 물이 직접 돌면서 전체적으로 온도가 올라간다.

마찰력 물체의 운동을 방해하는 힘. 바닥에 공을 굴리면 굴러가는 공에 대해 바닥이 마찰력을 일으켜서 멈추게 된다. 바닥이 거칠고 바닥과 맞닿는 면이 넓을수록 마찰력이 커지고, 바닥이 매끄럽고 바닥과 맞닿는 면이 좁을수록 마찰력은 작아진다.

마찰열 접촉하는 두 물체가 마찰할 때 생기는 열. 두 물체면을 계속 비비다 보면 온도가 점점 높아지면서 불꽃이 일어난다. 원시인들은 나무나 돌을 비벼서 생기는 마찰열로 불을 피웠다.

무게 중심 물체의 모든 무게가 모여 있다고 생각하는 물체 내의 가상적인 점. 무게 중심이 아래에 있을수록 안정적이다. 물건을 높이 쌓을 때는 무게 중심이 아래로 가도록 무거운 물건을 밑에 쌓는 것이 안정적이다.

밀도 물질의 질량을 부피로 나눈 값. 질량이 같은 경우 부피가 작을수록 밀도가 높아진다.

발효 효모나 세균 같은 미생물들이 화합물을 분해하는 과정. 알코올이나 이산화탄소, 유산균 등이 생겨난다. 술, 된장, 치즈, 메주, 누룩 등을 만들 때 발효가 일어난다.

복사 둘 사이를 직접 연결하는 물질이 없는데도 열이 전달되는 현상. 태양과 지구 사이에는 아무것도 없지만, 복사를 통해 열에너지가 전해진다.

부력 물속에 있는 물체의 표면에 작용하는 힘. 물체의 무게가 가벼울수록, 물과 닿는 면이 넓을수록 부력이 크다. 반대로 물체가 무겁고, 물과 닿는 면이 좁으면 부력이 작아서 물에 뜨기 어렵다. 예를 들어, 수영할 때 몸을 꼿꼿이 세우고 서 있으면 물에 뜨기 어렵지만, 몸을 최대한 눕혀서 물과 닿는 면적을 넓게 하면 물에 쉽게 뜰 수 있다.

부피 물질이 차지하는 공간의 크기. 압력을 가하면 물질을 이루는 입자와 입자 사이의 공간이 좁아져서 부피가 줄어든다.

빗면의 원리 빗면이란 수평면에 대하여 일정한 각도로 기운 평면을 가리킨다. 빗면의 기울기가 완만할수록 힘이 덜 들지만, 이동 거리는 늘어난다. 휠체어가 다니는 길이나 산 위를 올라갈 때 이용하는 승강기, 케이블카 등에 빗면의 원리가 쓰인다.

산성 산이 지니는 성질. 이런 성질을 띠는 물질을 산성 물질이라고 한다. 산성 물질은 신맛이 나고 금속을 녹이는 성질이 있다. 레몬, 식초, 요구르트 등이 대표적인 산성 물질이다.

압력 물체가 바닥면을 수직으로 누르는 힘의 크기. 힘을 받는 면적이 넓으면 압력이 낮아지고, 면적이 좁으면 압력이 높아진다. 굽이 높은 구두를 신고 바닥에 섰을 때와 운동화를 신고 바닥에 섰을 때를 비교해 보면, 바닥과 맞닿는 면적이 좁은 구두가 면적이 넓은 운동화보다 깊은 발자국을 남긴 것을 확인할 수 있다.

연소 물질이 빛과 열을 내며 타는 현상. 연소가 일어나기 위해서는 반드시 탈 물질과 발화점 이상의 온도, 산소가 있어야 한다. 이것을 연소의 3요소라고 한다. 반대로 소화(불을 끄는 것)는 이 3요소 가운데 하나만 제거하면 된다. 탈 물질을 없애거나 산소를 차단하거나 온도를 발화점 아래로 낮추면 불이 꺼진다.

염기성 염기가 지니는 성질. 이런 성질을 띠는 물질을 염기성 물질이라고 한다. 염기성 물질은 미끈미끈하고 쓴맛이 나며, 단백질, 지방 등을 녹인다. 비누, 샴푸, 세제 등이 대표적인 염기성 물질이다.

운동 에너지 운동하는 물체가 갖고 있는 에너지. 물체의 질량이 클수록, 물체가 빨리 움직일수록 더 큰 운동 에너지를 갖는다.

움직 도르래 도르래에 연결된 줄을 당겼을 때 물체와 함께 움직이는 도르래. 움직 도르래를 이용하면 물체의 무게보다 작은 힘으로 물체를 쉽게 들어 올릴 수 있다. 기중기 등에 움직 도르래가 쓰인다.

위치 에너지 물체가 특정 위치에서 갖는 에너지. 물체가 높이 위치해 있을수록 위치 에너지가 크다. 높은 곳에 있던 물체가 아래로 떨어질 때, 위치 에너지가 운동 에너지로 전환되면서 힘을 갖게 된다.

응결 수증기가 차가운 공기를 만나거나 차가운 물체에 닿았을 때 액체인 물로 변하는 현상. 부엌에서 물을 끓일 때 발생하는 수증기가 차가운 유리창에 닿으면 물방울이 되어 맺힌다.

응고 액체 물질이 고체로 변하는 상태 변화. 온도가 내려가 액체가 어는 것도 응고라고 하고, 화학적 변화를 겪으면서 고체가 되는 것도 응고라고 한다.

작용과 반작용의 원리 모든 작용에는 크기가 같고 방향이 반대인 반작용이 항상 존재한다는 힘의 원리. 두 물체가 서로 밀 때, 두 물체가 서로에게 작용하는 힘의 크기는 같지만 방향은 반대가 된다. 이때 한쪽 힘은 작용, 다른 쪽 힘은 반작용이다. 예를 들어 손바닥으로 벽을 치면(작용), 손바닥으로 통증과 열이 전해진다(반작용).

전도 두 물체가 맞닿아 있을 때 온도가 높은 곳에서 온도가 낮은 곳으로 열이 흐르는 현상. 액체보다는 고체에서, 비금속보다는 금속에서 전도가 잘 일어난다.

중화 산과 염기가 만나 산 또는 염기의 성질을 잃고, 중간 성질이 되는 과정. 예를 들어 산성 토양을 중화시키기 위해서는 염기성 거름을 뿌려 주어야 한다.

증발 어떤 물질이 끓지 않고 액체 상태에서 기체 상태로 변하는 현상. 젖은 옷을 햇빛에 말리거나, 더운 여름 날 강물이 줄어드는 것 모두 증발 현상이다.

지레의 원리 지레란 막대의 한 점을 받치고 그 받침점을 중심으로 물체를 움직이는 도구를 가리킨다. 지레를 이용하여 물건을 들 때, 작용점과 받침점 사이의 거리가 가까울수록 힘이 적게 들고, 작용점과 받침점 사이의 거리가 멀수록 힘이 많이 든다. 시소, 널뛰기, 가위 등에 지레의 원리가 쓰인다.

탄성력 용수철이나 고무줄 같은 물체에 힘을 주다가, 주었던 힘을 제거하면 원래 상태로 되돌아가려는 힘. 물체에 가했던 힘이 클수록 되돌아가기 위해 큰 힘이 들기 때문에 탄성력이 커진다. 그러나 탄성력에도 한계가 있어서 지나치게 큰 힘을 주면 주었던 힘을 제거해도 돌아가지 않는 경우가 있다.

필수 아미노산 사람이 생명을 유지하는 데 반드시 필요한 아미노산. 체내에서 합성되지 않거나 합성되더라도 그 양이 매우 적기 때문에 반드시 음식물 섭취를 해야만 얻을 수 있다. 어린이에게 반드시 필요한 필수 아미노산은 발린, 루신, 아이소루신, 메티오닌, 트레오닌, 라이신, 페닐알라닌, 트립토판, 히스티딘, 아르기닌 등 10종이다.

합금 금속에 다른 물질을 첨가하여 만든 혼합물. 예를 들어, 구리와 주석을 섞어 놋쇠라는 새로운 금속을 만들 수 있다. 놋쇠로 만든 그릇이 바로 유기이다.

교과 연계표

1장. 의식주 속의 전통 과학

전통 과학	과학 교과서 연계 단원
1. 자염	3학년 2학기 3. 혼합물의 분리 (2) 혼합물을 분리하는 여러 가지 방법 중학교 1학년 6. 분자 운동과 상태 변화 (1) 분자 운동
2. 젓갈	5학년 1학기 4. 작은 생물의 세계
3. 두부	3학년 2학기 3. 혼합물의 분리 (2) 혼합물을 분리하는 여러 가지 방법 중학교 1학년 6. 분자 운동과 상태 변화 (2) 물질의 세 가지 상태 중학교 2학년 5. 물질의 특성 (2) 혼합물의 분리
4. 메주	5학년 1학기 4. 작은 생물의 세계
5. 누룩	5학년 1학기 4. 작은 생물의 세계
6. 김장	6학년 1학기 3. 계절의 변화
7. 솔잎	4학년 2학기 1. 식물의 세계 (1) 식물의 생김새
8. 말린 나물	4학년 2학기 1. 식물의 세계 (1) 식물의 생김새
9. 가마솥	4학년 1학기 4. 모습을 바꾸는 물 (3) 물과 수증기 중학교 1학년 6. 분자 운동과 상태 변화 (1) 분자 운동
10. 시루	4학년 1학기 4. 모습을 바꾸는 물 (3) 물과 수증기
11. 옹기	4학년 1학기 4. 모습을 바꾸는 물 (3) 물과 수증기
12. 뚝배기	4학년 2학기 3. 열 전달과 우리 생활 (1) 뜨거운 냄비 중학교 1학년 5. 열과 우리 생활 (2) 열의 이동
13. 유기	5학년 2학기 2. 용해와 용액
14. 맷돌	5학년 2학기 3. 물체의 속력 중학교 1학년 3. 힘과 운동 (1) 여러 가지 힘
15. 떡살	3학년 2학기 1. 액체와 기체의 부피 (1) 액체의 부피 측정 중학교 1학년 6. 분자 운동과 상태 변화 (1) 분자 운동 중학교 2학년 5. 물질의 특성 (1) 순물질의 특성

16. 굴피집	4학년 2학기 1. 식물의 세계 (1) 식물의 생김새	
17. 온돌	4학년 2학기 3. 열 전달과 우리 생활 (3) 내가 만든 보온병 중학교 1학년 5. 열과 우리 생활 (2) 열의 이동	
18. 우물	3학년 2학기 3. 혼합물의 분리 (2) 혼합물을 분리하는 여러 가지 방법 중학교 2학년 5. 물질의 특성 (2) 혼합물의 분리	
19. 석빙고	4학년 2학기 3. 열 전달과 우리 생활 (3) 내가 만든 보온병 중학교 1학년 5. 열과 우리 생활 (2) 열의 이동	
20. 쪽 염색	5학년 1학기 4. 작은 생물의 세계	
21. 누비옷	4학년 2학기 3. 열 전달과 우리 생활 (3) 내가 만든 보온병 중학교 1학년 5. 열과 우리 생활 (2) 열의 이동	
22. 잿물	6학년 1학기 2. 산과 염기	
23. 다듬이질		
24. 도롱이	4학년 2학기 1. 식물의 세계 (1) 식물의 생김새	
25. 설피	중학교 1학년 6. 분자 운동과 상태 변화 (1) 분자 운동	

2장. 도구와 무기 속의 전통 과학

전통 과학	과학 교과서 연계 단원
1. 눌비비와 활비비	5학년 2학기 3. 물체의 속력 중학교 1학년 3. 힘과 운동 (1) 여러 가지 힘
2. 물챙이	3학년 2학기 3. 혼합물의 분리 (2) 혼합물을 분리하는 여러 가지 방법 중학교 2학년 5. 물질의 특성 (2) 혼합물의 분리
3. 거름	5학년 1학기 4. 작은 생물의 세계 6학년 1학기 2. 산과 염기 중학교 3학년 5. 여러 가지 화학 반응 (1) 산·염기 반응
4. 도리깨	
5. 체	3학년 2학기 3. 혼합물의 분리 (2) 혼합물을 분리하는 여러 가지 방법 중학교 2학년 5. 물질의 특성 (2) 혼합물의 분리

6. 키	중학교 2학년 5. 물질의 특성 (2) 혼합물의 분리	
7. 물레방아	6학년 2학기 3. 에너지와 도구 중학교 2학년 6. 일과 에너지 전환 (2) 역학적 에너지 전환과 보존	
8. 매통	5학년 2학기 3. 물체의 속력 중학교 1학년 3. 힘과 운동 (1) 여러 가지 힘	
9. 소 썰매	5학년 2학기 3. 물체의 속력 중학교 1학년 3. 힘과 운동 (1) 여러 가지 힘	
10. 지게		
11. 테왁		
12. 물레		
13. 천연 접착제	4학년 2학기 1. 식물의 세계 (1) 식물의 생김새	
14. 옻	4학년 2학기 1. 식물의 세계 (1) 식물의 생김새	
15. 먹	6학년 2학기 4. 연소와 소화	
16. 등잔	6학년 2학기 4. 연소와 소화	
17. 죽부인과 대자리	4학년 2학기 3. 열 전달과 우리 생활 (3) 내가 만든 보온병 중학교 1학년 5. 열과 우리 생활 (2) 열의 이동	
18. 봉수대	중학교 2학년 7. 자극과 반응 (1) 감각 기관	
19. 염초	6학년 2학기 4. 연소와 소화	
20. 신기전	중학교 2학년 6. 일과 에너지 전환 (2) 역학적 에너지 전환과 보존	
21. 각궁	4학년 1학기 1. 무게 재기 (1) 용수철로 무게 재기 중학교 1학년 3. 힘과 운동 (1) 여러 가지 힘	
22. 거북선		
23. 거중기	6학년 2학기 3. 에너지와 도구 중학교 2학년 6. 일과 에너지 전환 (1) 일의 원리	
24. 제기차기		
25. 팽이치기		
26. 널뛰기	6학년 2학기 3. 에너지와 도구 중학교 2학년 6. 일과 에너지 전환 (1) 일의 원리	

27. 방패연	
28. 그네뛰기	중학교 1학년 3. 힘과 운동 (4) 힘과 운동의 관계 중학교 2학년 6. 일과 에너지 전환 (2) 역학적 에너지 전환과 보존

3장. 문화재 속의 전통 과학

전통 과학	과학 교과서 연계 단원
1. 고인돌	6학년 2학기 3. 에너지와 도구 중학교 2학년 6. 일과 에너지 전환 (1) 일의 원리
2. 고구려 고분 벽화	
3. 성덕 대왕 신종	중학교 2학년 2. 빛과 파동 (4) 소리
4. 석굴암	4학년 1학기 4. 모습을 바꾸는 물 (3) 물과 수증기
5. 해인사 장경판전	
6. 포석정	
7. 고려청자	6학년 2학기 4. 연소와 소화
8. 거문고	중학교 2학년 2. 빛과 파동 (4) 소리
9. 한지	6학년 1학기 2. 산과 염기
10. 직지심체요절	중학교 3학년 8. 과학과 인류 문명 (1) 과학과 인류 문명
11. 훈민정음	
12. 자산어보	3학년 2학기 2. 동물의 세계 (3) 사는 곳에 따른 동물의 생김새
13. 동의보감	5학년 2학기 1. 우리 몸
14. 사상 의학	5학년 2학기 1. 우리 몸

4장. 하늘과 땅을 연구한 전통 과학

전통 과학	과학 교과서 연계 단원
1. 24절기	6학년 1학기 3. 계절의 변화 중학교 3학년 3. 태양계 (1) 지구와 달
2. 첨성대	5학년 1학기 1. 지구와 달
3. 천상열차분야지도	5학년 1학기 1. 지구와 달
4. 측우기	3학년 1학기 4. 날씨와 우리 생활 (1) 기온, 바람, 구름, 비
5. 수표	3학년 1학기 4. 날씨와 우리 생활 (1) 기온, 바람, 구름, 비
6. 풍기대	3학년 1학기 4. 날씨와 우리 생활 (1) 기온, 바람, 구름, 비
7. 앙부일구	6학년 1학기 3. 계절의 변화
8. 자격루	
9. 대간의와 소간의	5학년 1학기 1. 지구와 달
10. 칠정산	5학년 1학기 1. 지구와 달
11. 풍수지리	
12. 대동여지도